建筑经济与
建筑工程项目管理研究

袁晴华　李建英　张云英　主编

哈尔滨出版社
H.P.H
HARBIN PUBLISHING HOUSE

图书在版编目（CIP）数据

建筑经济与建筑工程项目管理研究 / 袁晴华，李建
英，张云英主编. — 哈尔滨：哈尔滨出版社，2023.1
　ISBN 978-7-5484-6811-0

　Ⅰ. ①建…Ⅱ. ①袁…②李…③张…Ⅲ. ①建筑经
济－研究②建筑工程－工程项目管理－研究 Ⅳ.
①F407.9②TU712.1

　中国版本图书馆 CIP 数据核字（2022）第 189755 号

书　　　名：**建筑经济与建筑工程项目管理研究**

JIANZHU JINGJI YU JIANZHU GONGCHENG XIANGMU GUANLI YANJIU

作　　者：袁晴华　李建英　张云英　主编
责任编辑：张艳鑫
封面设计：张　华
出版发行：哈尔滨出版社（Harbin Publishing House）
社　　址：哈尔滨市香坊区泰山路 82-9 号　邮编：150090
经　　销：全国新华书店
印　　刷：河北创联印刷有限公司
网　　址：www.hrbcbs.com
E－mail：hrbcbs@yeah.net
编辑版权热线：（0451）87900271　87900272
开　　本：787mm×1092mm　1/16　印张：7.75　字数：170 千字
版　　次：2023 年 1 月第 1 版
印　　次：2023 年 1 月第 1 次印刷
书　　号：ISBN 978-7-5484-6811-0
定　　价：68.00 元

凡购本社图书发现印装错误，请与本社印制部联系调换。
服务热线：（0451）87900279

编委会

前　言

　　近五年伴随城市化快速发展，同时也为许多建筑行业带来了发展机会，为其提供了较好的外部环境。此外在工程建设方面也出现了大规模、投资多以及长周期等各种特点，因此造成的一系列生态问题也是必须引起重视的，应该更加深入地研究探索如何使建筑经济能够绿色可持续的发展。

　　建筑工程项目管理工作贯穿项目进行的全过程，为了使得项目达到最终实施的目标，就需要采取有效的手段，对项目实施合理的策划和控制，使得项目的最终质量目标可以高效地实现。

　　建筑工程项目管理是一项综合性的管理工作，其管理的对象主要就是一些施工和建设的项目。在项目开始之前的准备工作，到项目完成之后的养护工作，都需要实施有效的建筑工程项目管理工作，采用策划以及控制的手段，对建筑工程项目管理实施的目标进行高效的实现，从而使得建筑工程能够达到节省时间与资源，减少投资成本等目的，同时，要想使得建筑工程项目管理工作能够有效的开展，就需要相关的管理人员明确管理工作开展的必要性，这样才能够使得建筑工程项目管理工作的实际作用得到全面的发挥。

　　本书主要针对建筑业的基础层面在建筑经济方面的内容展开，随后转入对建筑工程在组织与管理、质量控制等方面的论述，希望给有需要查阅相关资料的读者提供可借鉴的内容。

目 录

第一章　绪　论

第一节　建筑业的形成和发展

建筑是人类生存的基本需要之一。建筑活动是人类社会历史上脱离蒙昧时代以来最基本的物质生产活动之一。

在原始社会，由于生活的需要以及农业生产的逐步发展，人类的建筑活动随之不断发展。最突出的表现是，人类从居住在天然洞穴发展到居住在经人类劳动而形成的袋穴、坑穴乃至有墙壁的半穴居，再发展到居住在完全位于地面上的搭盖建筑。据考古学发现，大约在公元前四五千年，在我国浙江省河姆渡已经出现了榫卯结构的木架建筑。

到了奴隶社会，生产工具有了很大并且较快的发展。从早期的石斧、石刀、石铲、蚌锯、蚌刀和骨角器，发展到青铜工具。我国春秋时期，炼铁技术已很发达，铁制工具的应用日益广泛。金属工具的使用，大大提高了建筑生产技术和劳动生产率，建筑规模亦相应扩大。当时的文明国家出现了许多令今人赞叹不已的宏伟建筑，如埃及的金字塔、人面狮身像，希腊的雅典卫城、剧场、议事厅、体育馆，等等。同时，我国的城邑建筑已具有相当大的规模，出现了一些繁华的商业城市。

随着社会生产力的发展，建筑对人类的功能也相应地发展和扩大，从最早的解决居住问题发展到行政、国防、宗教、文化、园林、交通、水利等工程。人类社会经过长期劳动所积累的天文、历算、物理、力学、测量等知识，都综合利用到建筑上。同时，知识积累的程度越高，人类就越能利用建筑来满足自己日益提高的需要，越能有意识地利用建筑来改造客观环境，建立和发展社会的经济基础，建筑在社会中的地位也就越重要。

人类的建筑活动虽然在封建社会有了很大发展，也创造出至今仍有重要价值的建筑工程，但真正形成建筑业，只是近代一二百年的事。我国封建社会的历史较长，尤其是清朝后期，由于政治腐败，生产力发展非常迟缓，自然也影响到建筑业的发展。

近代外国资本涌入中国，客观上促进了中国机械工业、造船工业、煤炭工业、纺织工业、铁路建设等的发展，旧式营造业越来越不能满足生产力发展的需要。现代建筑业的形成，以资本主义生产力的发展和建筑市场的形成前提。而现代建筑业发展的规模和速度，则不仅取决于生产力的发展，而且取决于生产关系的形成和发展。

我国建筑业的早期发展以沿海一些大城市为代表，如上海、天津等。1914年，我国的民族工业抬头，上海的工商业、金融业等有了一定发展，建设规模逐渐扩大。当时，向英工部局登记领取执照的营造厂商达300家。这一时期建成了一批大型建筑，如汇丰银行大楼、先施公司大楼、新新公司大楼、英工部局大厦等。到1937年初，上海的营造厂商已超过500家。在这一时期，建造了许多高层建筑（10层以上）、花园洋房、大型公寓和规模较大的影剧院等。

1945年前，由于我国处于半殖民地半封建的社会，生产力水平低下，商品经济极不发达，加上外患内乱、战火连绵，建筑业一直没有得到很好的发展。至1949年，只在铁路、交通、市政规划和民用设计方面做过一些工作，许多重要的大型建筑、工业建筑往往是由外国人设计的。

1949年之后，面临着极其艰巨的经济恢复和建设工作。但当时全国的建筑队伍只有20万人，远远不能适应大规模经济建设的需要。1953年，成立了中央建筑工程部，从而开始有组织、有计划地管理全国的建筑工程，使我国建筑业的发展有了可靠的组织保证。

仅从建筑业的职工人数来看，1952年全民所有制建筑企业的职工总数为104.8万人，到1957年已达271.4万人，建筑业的发展速度与国民经济发展速度和经济建设发展的需要基本上是相适应的。

建筑业发展的最主要的动力是国民经济对建筑产品的需求。需求量越大，建筑业的规模就越大；需求量增加的速度越快，建筑业的发展速度就越快；如果国民经济对建筑产品的需求减少或萎缩，建筑业的规模就会缩小，建筑业的发展速度就缓慢、停滞甚至倒退。固定资产投资规模的扩大和压缩直接影响到建筑业的规模和发展。

1985年全国共有11150个全民和城镇集体所有制的房屋建筑、机械设备安装，以及筑路、港口、矿山、井巷、化工、石油、冶金和水电等专业工程的施工企业。全国城镇建筑施工企业职工达911.5万人，其中全民所有制职工576.7万人，城镇集体所有制职工334.8万人，各占职工总数的63.3%和36.7%。随着农村经济的发展，农村建筑队伍也迅速建立和扩大，到1985年农村建筑队共有82600个，从业人员达789.8万人，成为城乡建设中一支重要的补充力量。

1998年建筑业全国完成房屋建筑竣工面积6.57亿平方米，其中住宅3.81亿平方米。与1980年相比，国有企业建筑竣工面积和住宅竣工面积分别增长1.8倍和1.9倍。

2007年全国房屋建筑施工面积为473287.39万平方米，增长15.4%，增长率同比下降了0.9个百分点，全国房屋建筑竣工面积185965.90万平方米。

2018年全国建筑业企业完成建筑业总产值235085.53亿元，同比增长9.88%；完成竣工产值120786.22亿元，同比增长3.42%；房屋施工面积140.89亿平方米，同比增长6.96%。

需要说明的是，国民经济对建筑产品的需求，包括生产性建筑产品和非生产性建筑产品，这两方面都不能忽视。随着科学技术和生产的发展、人民生活水平的提高，国民经济对建筑产品的需求不仅表现在数量的增加，更表现在质量的提高，如对建筑的空间布局、总体规划、周围环境、居住条件和环境保护等方面，都会提出新的、更高的要求。建筑需求的质的提高是对现代建筑业发展的新的动力，这一点在经济发达国家表现得越来越突出。

第二节　建筑业的范围

由现代系统理论可知，任何系统都是由若干从属于它的子系统或分系统构成的有机整体；同时，任何系统又都存在于更大的系统即母系统之中。要研究一个系统，必须首先明确该系统的边界，或者说它的范围，即它在母系统中的位置以及它由哪些子系统或分系统构成。如果把整个建筑业作为一个系统来考察和研究，就必须首先明确建筑业的范围，即建筑业在国民经济这个母系统中的位置，以及建筑业由哪些子系统或分系统所组成，即建筑业包括哪些内容。

人类的建筑活动经过几千年的历史，直到近代大机器工业生产出现和发展之后，才形成了建筑业。但是，对建筑业的位置和所包括的内容却没有完全统一的理解。不仅一般人对这个问题的认识比较模糊，而且各国和同一国家的学者的观点也不尽一致。我国理论界对这一问题的认识也经历了一个曲折的过程，主要表现在以下两个方面：

1. 建筑业在国民经济中的位置

我国长期把国民经济中的物质生产部门划分为农、轻、重三大部门。这种划分方法的优点是接近于马克思的再生产理论，接近于把社会生产区分为生产资料的生产和消费资料的生产两大部类。但是，这种部门划分方法过于笼统，掩盖了各个部门生产过程中的薄弱环节，不能正确地反映各个部门在国民经济中的作用及其相互之间的联系，而且把建筑业排除在物质生产部门之外。

2. 建筑业的内涵

我国理论界关于"小建筑业"和"大建筑业"之争由来已久，持续了相当长的时间。"小建筑业"论者认为，建筑业的产品仅指房屋建筑而言；"大建筑业"论者则认为，建筑业的产品包括房屋建筑和一切土木工程。另外，"小建筑业"论者认为，建筑业为建筑安装企业的总体；而"大建筑业"论者则认为，建筑业不仅包括施工单位，也包括勘察、设计单位，以及相关的科研、咨询单位。从实现建筑产品的生产过程来看，设计和施工是连续、统一的整体，不能截然分开。从房屋建筑和土木工程的比较来看，虽然结构和功能有很大的不同，但基本的生产过程却是完全相同的。

我国国民经济行业分类的国家标准共分四级：门类、大类、中类、小类。其中，16个门类如下：

农、林、牧、渔业；采掘业；制造业；电力、煤气及水的生产和供应业；建筑业；地质勘查业、水利管理业；交通运输、仓储及邮电通讯业；批发和零售贸易、餐饮业；金融、保险业；房地产业；社会服务业；卫生；体育和社会福利业；教育、文化艺术和广播电影电视业；科学研究和综合技术服务业；其他行业。

其中，建筑业门类包括土木工程建筑业、线路管道和设备安装业、装修装饰业三个大类，不包括各部门、各地区设立的行政上、经济上独立核算的筹建机构。各项建设工程的筹建机构，应随所筹建的建设工程的性质划分行业。例如，冶金或通信工程的筹建机构，应分别列入冶金工业或通讯业相应的行业。建筑业三个大类的具体内容如下：

1. 土木工程建筑业包括从事铁路、公路、隧道、桥梁、堤坝、电站、码头、飞机场、运动场、厂房剧院、旅馆、医院、商店、学校和住宅等建筑活动，也包括专门从事土木建筑物修缮的修缮公司（队）等活动；不包括房管所兼营的房屋零星维修，它应列入房地产业。

2. 线路管道和设备安装业包括专门从事电力、通信线路、石油、天然气、煤气、自来水、暖气、热水、污水等管道系统的设备安装活动。一个施工单位从事土木工程时，在工程内部敷设电路、管道和安装设备的，应列入土木工程业内，不列入本类。

3. 装修装饰业包括各种新建或改建工程的装修装饰活动，不包括非工程类的装饰活动。

应当说，这样的行业分类和建筑业范围的规定已经接近国际上较通行的行业分类标准（各种行业分类标准并不完全一致），但是，仍然存在一些值得研究和讨论的地方，主要有：

1. 对建筑构配件生产的归属不够明确，很容易引起争议。在我国，习惯上认为建筑构配件生产理所当然地属于建筑业。但在国家经济管理体制深入改革的过程中，一部分人认为，建筑构配件生产是建筑材料的深加工，应属于相应的建筑材料工业。应当看到，建筑构配件生产与建筑施工相比有许多不同的特点，有些国家（如德意志民主共和国）就将其归入工业部门。因此，在国民经济行业分类的国家标准中，应对建筑构配件生产的归属做出明确的界定。在本书的论述中，将建筑构配件生产作为建筑业的组成部分来考虑。

2. 房管所兼营的房屋零星维修与专业房屋修缮公司的工作领域在实践中可能很难截然分开。随着我国商品房屋的日益增多，房管部门业务范围的不断扩大，专业房屋修缮公司完全可能承接零星维修业务，房管所也可能经营非零星维修。从经济发达国家建筑业的发展来看，房屋维修、翻新工程的产值在建筑业总产值中占有相当大的比例，而且有越来越大的趋势。本书关于维修内容的论述，仅以维修工作本身的技术、经济规律为出发点，不考虑维修工作究竟是由房管所兼营还是由专业房屋修缮公司完成。

3. 建筑科研、工程设计和咨询机构及其业务未列入建筑业范畴。按我国的行业分类国家标准，这方面的业务归入科学研究和综合技术服务门类，其中，建筑科研归入科学研究大类中的其他科学研究中类；工程设计、工程监理、工程造价咨询及招投标代理等咨询活动归入综合技术服务业大类中的工程设计中类和其他综合技术服务中类。这样的行业分类也有其道理，但是，随着建筑生产社会化的不断发展，专门从事这方面业务的独立机构会越来越多，这方面的工作对于建筑生产活动的科学化和经济性将会发挥越来越重要的作用。而且，在采用工程项目总承包和交钥匙方式的工程中，很难将工程设计业务和施工业务截然分开；另外，工程设计单位也可能提供从可行性研究到招标代理、工程监理、工程造价等全过程、全方位的咨询服务；这些都会影响有关统计资料的准确性和科学性。

第三节 建筑业在国民经济中的地位和作用

一、建筑业在国民经济中的地位

国民经济就是社会生产部门、流通部门和其他非生产部门的总和。它包括工业、农业、建筑业、交通运输业、商业、对外贸易业、科学技术事业、城市公用事业、文化教育事业、卫生事业、体育事业等部门。一个产业要成为一个独立的物质生产部门，首先要有一定的生产规模、生产技术基础和一定规模的产业工人队伍；其次，要有区别于国民经济其他部门的技术经济特点；最后，要有专门的生产工艺和产品。

建筑业是国民经济的一个独立的、重要的物质生产部门，它围绕建筑生产活动的全过程来开展自己的生产经营活动，如各类生产和生活用房等的建造、各种构筑物，如铁路、公路桥梁、水塔、影剧院、公共设施、运动场等的建造以及各种机器设备的安装、各种房屋、构筑物的维修更新和与建筑对象有关的工程地质勘查及设计等。

在国民经济体系中，以物质生产部门为基础，它决定流通、消费和分配各部门。建筑业作为一个物质生产部门，是社会生产力不断提高和社会分工发展的结果。为了满足国家和人民不断增长的物质文化需要，要求建筑业按照国民经济发展和市场经济的客观规律的要求，持续、稳定、协调地发展。

二、建筑业在国民经济中的作用

建筑业作为独立的物质生产部门，具有区别于国民经济其他部门的技术经济特点，在国民经济中起重要作用。

1. 为社会创造财富，为国家提供巨额国民收入

国民收入是一个国家的物质生产部门的劳动者在一年内新创造的价值的总和。它是一个国家在一年内所生产的社会总产品中，扣除补偿已消耗的生产资料所剩余的部分。

新中国成立以来，我国的建筑业提供的收入占国民收入的 3%~6%，从部门来看，仅次于工业、农业、商业，排在第四位。随着各国经济交往的增加和科技发展的不平衡性因素增加，国际建筑工程承包正在迅猛发展。世界上许多国家都很重视国际承包工程的市场竞争，因为这种承包活动，既能促进建筑业自身的发展，又能带动资本、技术、劳务、设备、商品的输出；既赚取大量外汇收入，又扩大政治、经济影响。建筑业的产值受投资规模的影响，在经济发展的较快时期，其增长一般可持续高于国民经济的增长。建筑业提供

的收入在国民收入中的比重在不同的国家、地区和不同的时期有所不同。

2. 为发展生产、改善人民生活提供物质基础

建筑业提供生产性固定资产，对扩大生产能力、提高生产技术水平有重要的促进作用。同时，建筑业提供的城市基础设施、文化教育、卫生体育及居民住宅等非生产性固定资产，为改善人民生活提供物质基础。

建筑业为社会和国民经济各部门提供建筑产品，满足生产的发展和人民物质文化生活的需要。建筑业的发展能扩大生产能力，发展新型工业，在提高生产力的基础上逐步改善人民的物质文化生活，如文化、教育、卫生、城市公用设施以及住宅的建设，都是直接为满足人民的物质文化生活需要服务的。

3. 吸纳大量就业人口

对于我国来说，建筑业属于劳动密集型产业，作业劳动强度大，机械化程度较低，许多岗位的作业者稍加培训即可上岗，因而吸纳了大量农村转移剩余劳动力和城市再就业人口，对于解决城市就业压力起了很大作用。按照发达国家指标，建筑业的就业人口占全部就业人口的 6%~8%。据统计，美国每 10 个就业人口中就有 1 个与建筑业有直接或间接的关系。

应当指出的是，由于同建筑业前后关联，其他部门创造的直接和间接就业人数更是远远超过了建筑业就业人数，如与建筑业密切相关的建筑材料、建筑机械设备和器具等相关产业可容纳大量的劳动力就业。但评价建筑业创造的就业机会究竟有多少是很困难的，建筑业从业人员不断地流动，相当一部分人甚至在建筑业和农业等产业之间不断变换从业身份，因此很难准确地计算建筑业发展带来的就业人口变化。

4. 建筑业的发展促进其他产业的发展

建筑业同国民经济其他部门有很强的前后产业关联。建筑业向国民经济其他部门提供各种生活、生产、交换和其他经济和社会活动所需要的设施。同建筑业向前关联最强的就是制造业。因为制造业进行生产的前提是需要大量厂房和库房等。向后关联，或者称为"派生需求"的价值在大多数情况下远远超过了建筑业本身的增加值。

建筑业一方面以自己的产品为社会和国民经济各部门服务，另一方面，建筑业还在生产过程中大量消耗其他产业部门的产品。建筑业产品成本中，物质消耗占 60%~70%，它与近 50 个工业部门发生联系，特别与建材工业、冶金工业、木材及木材加工业、金属结构及制品生产工业、化学工业之间的关系特别密切。建筑业的发展要依赖于建材、冶金、化工、林业、仪表、机械制造和轻工业部门的发展，在建筑生产过程中，要大量消耗其他国民经济部门的产品。如建材、机械制造、冶金、化工、仪器仪表、轻纺等工业为建筑业提供原材料和设备。同时建筑业也因此成为其他产业部门的重要产品市场，能带动许多关联产业的发展。

一般来说，建筑业可以消耗全国钢材产量的 50%，木材产量的 90%，水泥产量的 90%。建筑业的发展可带动国民经济其他部门的发展，因而建筑业的发展状况是国民经济

发展的晴雨表，当国民经济处于高速发展时期，固定资产的需求大量增加，建筑业发展进入繁荣时期；当国民经济处于调整时期，固定资产投资减少影响了建筑业的工程总量；当国民经济发展处于需求不足时期时，国家可通过公共事业投资的方法扩大内部需求，使建筑业首先发展，从而刺激其他产业部门的发展，起到调节国民经济各部门的作用。

建筑业还要占用大量的运输工具，因此，建筑业的发展和交通运输业的发展有着密切的关系，消耗运力和运输工具约占社会运输总量的 8%。

第四节　建筑经济学的学科建设

一、建筑经济学的研究对象

任何一门学科，都有不同于其他学科的研究对象，否则就没有独立存在的必要。建筑业作为国民经济中的一个独立的物质生产部门，有其自身的特殊性和客观的发展规律。认识和研究建筑业的特殊性和规律性，就是建筑经济学的任务。因此，建筑经济学属于部门经济学，正如工业部门有工业经济学，农业部门有农业经济学，商业部门有商业经济学，交通运输部门有交通运输经济学等一样。

建筑经济学以建筑业的经济活动为研究对象，为此必须清楚地了解建筑产品生产、分配、流通和消费的全过程，了解建筑生产活动的各有关机构及其相互之间的关系；不仅要进行定性的分析，而且要进行定量的分析。只有这样，才能切实把握建筑经济运动规律。

在研究建筑经济运动规律时，要注意区分"商品"和"产品"两个概念，有时需要加以严格的界定。"商品"和"产品"虽然在物质内容上完全相同，但二者所体现的社会属性却不同。产品经济注重于使用价值，传统的计划观点强调指令性计划，由上而下规定生产任务，由下而上完成生产任务就行了。而市场经济则注重于价值，为卖而买，为交换而生产。商品生产者必须着重考虑两个基本问题：一是如何使单位商品劳动消耗量低于社会必要劳动消耗量；二是如何使商品能适应市场需要，实现其价值。在市场经济的条件下，建筑产品的生产固然重要，但也必须将如何实现其价值提到相当重要的地位。如果建筑产品的价值不能实现，则整个建筑生产活动的再生产过程就不能顺利进行。因此，建筑经济学应该以定性与定量结合的方式，讲清建筑经济的运动过程，并讲清建筑产品的生产、分配、流通和消费的各个环节及其相互之间的关系。

建筑经济学既然是研究建筑经济运动规律的科学，就不仅要研究建筑领域的生产力，而且还要研究建筑领域的生产关系。生产力是指人们控制和征服自然的能力，这在不同的社会形态是相同的。因此，本书注意运用有助于阐明建筑生产力的运动规律和在各个社会形态具有共性作用的原理、原则和方法，以加深对建筑经济运动规律的理解和认识。但是，生产力运动总是在一定的社会形态下进行的，与生产关系有着不可分割的联系。生产力决定生产关系，生产关系又反作用于生产力。

作为一门经济学，建筑经济学应当注重对建筑经济运行和发展客观经济规律进行概括和总结，并揭示其固有的经济规律，而不能停留在描述部门的现状和解释现行政策的层面。

建筑经济学应当具有一定深度的理论性，应当注意研究"经济"而淡化"管理"，尽可能减少有关经济体制、管理体制、政策规定等方面的内容，应当起到源于实践、高于实践、指导实践的作用，为国家制定与建筑业有关的管理体制和经济政策提供正确的理论依据。

建筑经济学还应当具有较好的系统性。这种系统性体现在指导思想、研究内容、研究方法等方面，是建筑产品生产，分配、流通和消费过程以及建筑生产活动本身系统性的客观要求。

建筑经济学要研究建筑经济活动中特有的规律，必然要涉及一般经济规律，如国民经济有计划按比例发展规律、价值规律、商品供求规律等。但是，一般规律在建筑业发挥作用的具体条件、范围和表现形式，都有别于其他领域，如工业、农业、商业等。因此，建筑经济运动规律必须服从于一般经济规律，但又不能把建筑经济运动规律混同于一般经济规律。

二、建筑经济学与相关学科的关系

现代科学技术发展的一个重要特点是，一方面，科学技术的分工越来越细，另一方面，科学技术之间、自然科学与社会科学之间相互交叉和渗透，从而形成许多交叉学科和边缘学科。交叉并不意味着学科之间相互包含。每门学科都有区别于其他学科的明确的研究范围，即使在与其他学科"交叉、渗透"的领域，也应当有自己独特的研究角度和研究方法。这是各门学科健康发展、相互促进的必要条件。

与建筑经济学有密切关系的学科主要有固定资产投资学（或简称投资学，我国现今多称为基本建设经济学）、建筑企业经济学、建筑企业管理学（我国多将这两门学科合并为建筑企业经营管理学）、建筑技术经济学、建筑施工组织学、建筑工程项目管理学。其中，基本建设经济学和建筑企业经营管理学与建筑经济学的联系最为密切，也是最容易与建筑经济学研究范围混淆、研究内容交叉的两门学科。

基本建设经济学以国民经济和社会各部门固定资产投资活动及其规律性为研究对象，是国民经济学的一个专门领域和重要分支。其研究范围属宏观经济范畴，主要研究如何合理确定固定资产投资的规模（表现为国民收入中积累与消费的比例）、方向、结构、效果，投资计划的安排，具体项目的可行性研究，基本建设的程序以及实现投资的管理和监督等。

基本建设经济学之所以与建筑经济学有密切联系，是因为固定资产投资的 60% 左右是建筑安装工程费用，也就是用来购买建筑产品，固定资产投资的实质是建筑生产的需求。因此，固定资产投资的规模和方向直接影响建筑生产的发展速度和发展方向；与此同时，建筑生产力的水平也直接影响固定资产投资的效果。客观的联系产生一些共同的课题，需要两门学科分别从供应方和需求方不同的角度加以研究。例如，建筑产品供求双方如何实现交换，如何处理好建筑产品价格与固定资产投资效益之间的关系，等等。两门学科的研究内容虽有一定的联系，但研究的角度和侧重点根本不同。基本建设经济学侧重于研究建筑产品的决策阶段，而建筑经济学只研究建筑产品的生产和使用阶段。工者各自独立，自成体系。

建筑企业经营管理学以建筑企业全部经济活动（生产和经营）及其发展变化规律为研究对象，其研究领域属微观经济范畴。建筑企业经营管理学主要研究建筑企业的经营预测、经营决策和经营计划，建筑工程的招揽、选择、投标和承包，企业生产的计划管理、施工管理、劳动管理材料管理、技术管理、质量管理、机械设备管理等工作，以及企业的成本管理、财务管理、经济核算和经济活动分析等内容。

建筑企业经营管理学之所以与建筑经济学有密切联系，是因为建筑企业是建筑业的有机组成部分，建筑企业与建筑业是个别与总体的关系，个别必须服从总体，总体是对个别的概括和总结。建筑企业经营管理学是从独立的建筑生产单位的角度出发，研究建筑经济运动规律在建筑企业的具体表现和应用。而建筑企业经营管理学研究内容的拓宽和深化以及研究方法的发展，又为丰富和完善建筑经济学的学科体系和研究方法创造条件。

从研究内容来看，这两门学科之间存在一定的交叉、渗透现象。例如，二者都一方面研究生产力的合理组织，即如何科学地组织劳动力、劳动工具和劳动对象以及如何提高经济效益的问题；另一方面也研究生产关系方面的问题，研究如何正确处理国家、企业和劳动者个人三者之间的关系以及企业与企业之间的协作和竞争关系等。两门学科的研究内容虽有一定的联系，但研究的角度和侧重点有所不同。建筑经济学是从建筑生产的全过程和建筑业总体的角度阐述与建筑施工有关的经济问题，而建筑企业经营管理学则只研究与建筑企业有关的经济问题，只研究施工阶段的经济问题。另外，建筑企业经营管理学研究中的定量方法较多，建筑经济学研究也已出现越来越多地采用定量方法的趋势，两门学科在研究方法上的差别正日益缩小。

其他几门学科与建筑经济学的区别和联系较为明确，不易发生混淆现象，但仍需注意。

建筑技术经济学是以与建筑技术有关的经济问题为研究对象，主要研究建筑产品技术方案（包括建筑项目的投资、建筑设计、建筑施工、技术措施等）、技术和经济效果的分析、计算、比较和评价的理论和方法，其中有些方法在建筑经济学中也有运用。

建筑施工组织学是以建筑企业的生产（施工）活动为研究对象，主要研究如何科学地组织施工，以尽可能低的劳动消耗，高质量、高效率地按期或提前完成建筑产品的建造（施工）任务。建筑施工组织学可以看作是建筑企业经营管理学的一个专门领域或重要分支。建筑经济学中建筑生产的特点、建筑施工阶段的主要工作和经济原则等内容与其一定联系。

建筑工程项目管理学是以建筑工程项目实施阶段的管理问题为研究对象，主要研究在工程项目实施过程中如何有效地进行投资控制、进度控制和质量控制。建筑领域的业主、设计单位、施工单位都有项目管理的任务，但由于各自出发点不同，项目目标的确定和具体的目标控制方法有所不同，但基本原理和方法是一致的。建筑经济学中关于项目管理专业化、咨询机构等内容与其有一定联系。

第二章 建筑经济导论

建筑业在人类历史发展以来都具有十分重要的作用，它不仅满足人们物质文化发展的需要，实现人类最基本的日常活动目的，同时它又能够推动社会经济不断向前发展。由此可见建筑业与经济之间的密切联系，故而，本章就主要针对建筑经济进行详细说明。

第一节 建筑经济学的性质与特点

一、建筑经济学的性质

经济学的基本建设是社会资源稀缺而人类欲望无穷，面临资源稀缺性约束，理性的人们必须在生产什么、生产多少、如何生产、为谁生产等基本的经济问题中进行选择，即面对稀缺性问题，人们必须进行决策。而无论做什么事情，都必须付出代价。"天下没有免费的午餐"，为了得到一样东西，通常必须放弃另外的东西，这就是经济学上机会成本的含义。在进行权衡取舍时，经济人必须比较可供选择的行动方案的成本和收益。从成本和收益的比较出发，经济学研究社会如何管理自己的稀缺资源，如何通过对有限资源的有效利用以获得最大的产出，并满足尽可能多的人类需要。

同理，建筑经济学研究如何在建筑活动中有效地利用稀缺资源，处理好选择、稀缺性及机会成本等问题。建筑经济学是运用经济学的理论、知识和方法对建筑企业、建筑过程和建筑产业进行研究的一门学科。具体而言，建筑经济学要揭示建筑业经济活动的内在联系及其运行规律，阐明这些内在联系和规律在建筑业中的作用与特点。在认识经济规律的基础上，对过程项目进行科学的技术经济论证分析，促进建筑业合理有效地利用经济资源，从而达到获得最高经济效益、促进经济增长的目的；在政策层面，要对建设企业和产业的现状及其发展趋势进行研究，为制定建筑业的规制政策提供理论依据。

二、建筑经济学的特点

建筑经济学研究既涉及建筑业中宏观与微观的经济问题，也涉及近期与远期的经济效果问题，又关系到资源利用、环境保护、社会效益等，是一门综合性的学科。建筑经济学的特点表现在以下几个方面。

1. 综合性

建筑经济学是在自然科学与社会科学基础上逐步发展形成的交叉科学，它既属于自然科学范畴，也属于社会科学范畴，这体现了这门学科的综合性。因此，建筑经济学属于综合性的学科。

2. 应用性

建筑经济学作为依据建筑产业的经济活动的一门学科，其研究要密切结合国情和每个地区的特点，并考虑到建筑业在整个国家经济中的地位、与宏观经济的联系等方面。建筑经济学研究的任务是要揭示建筑产业经济活动的内在联系及其运行规律，考虑到建筑业在整个国家经济中的作用，为建筑业的发展和技术政策的制定提出理论依据。因此，它属于实用经济学的范畴。

3. 预测性

在研究建筑经济问题时，必须着眼于未来，因为对建筑生产活动进行分析研究的目的在于提出正确的发展方针和技术政策，选用正确的技术方案，这一切都必须以建筑业未来的发展趋势为出发点。由于建筑经济学具有预测性这一特点，因此，可以尽量减少决策失误所造成的损失。

4. 定量性

用于研究建筑经济的问题，并进行分析论证的大量数据、信息和各种资料来源于生产实践，是科学的、结合实际的。而所做出的理论判断，也都要经过实践的检验。当代建筑经济学已经由以论述说理的定性分析逐步进入以定量分析为主。在研究建筑经济活动时，除了要有足够的理论分析之外，还常常要进行定量计算，以减少人们主观因素的影响。因此，建筑经济学与统计学、概率论、运筹学等有着密切联系。

第二节　建筑经济学的研究对象与研究内容

一、建筑经济学的研究对象

任何一门学科，都有不同于其他学科的研究对象，否则就没有独立存在的必要。建筑业作为国民经济中的一个独立的物质生产部门，有其自身的特殊性和客观的发展规律。认识和研究建筑业的特殊性和规律性，就是建筑经济学的任务。因此，建筑经济学属于部门经济学，正如工业部门有工业经济学，农业部门有农业经济学，商业部门有商业经济学，交通运输部门有交通运输经济学一样。

建筑经济学的研究对象是研究建筑业经济运行理论和运行中必然发生的各种经济关系，揭示建筑业经济活动的内在联系及其发展规律，以及建筑业和其他国民经济部门的相互关系，为制定和完善建筑业产业政策提供理论依据。

　　建筑经济学的研究不仅要了解建筑产品生产、分配和消费的整个过程，还要了解建筑生产活动的各有关机构及其相互之间的关系。另外，建筑经济学既然是研究建筑经济运动规律的科学，在研究建筑领域的生产力的同时，还要研究建筑领域的生产关系。生产关系与生产力是生产方式的两个方面，两者紧密联系，互相依存，互相影响，并且在对立的统一中发生变化。生产关系要适合生产力的客观规律决定了研究生产关系一定要联系生产力，同时经济基础与上层建筑要相适应，因此研究建筑经济关系还要联系上层建筑。在改革中转换企业经营机制必须转换政府职能也就是这个道理。建筑业的经济关系较其他国民经济部门如工农业部门更为复杂与特殊，如建筑业与基本建设活动的关系。

　　作为经济学的一个分支，建筑经济学注重对建筑经济运行和发展客观经济规律进行概括和总结，揭示其固有的经济规律。建筑经济学要具有一定的理论性，还要有一定的实践性，它应当能起到源于实践、高于实践、指导实践的作用，为国家制定与建筑业有关的管理体制和经济政策提供正确的理论依据。建筑经济学还应当具有系统性，这体现在其指导思想、研究内容、研究方法等方面。

二、建筑经济学的研究内容

　　建筑经济学的研究内容是由其研究对象所决定的。归纳起来，建筑经济学的基本内容应包括建筑经济的宏观分析与行业环境分析——建筑业；建筑微观经济运行中枢与基础——建筑市场；建筑微观经济运行供给主体——建筑企业几大部分。

　　1. 建筑业

　　由于建筑经济学以建筑业的经济活动为研究对象，建筑业作为国民经济的一个物质生产部门，这里主要把建筑业放在国民经济宏观环境进行论证，分析其供需关系，供求规律。这部分内容主要涉及建筑业的产生、发展，建筑业在国民经济中的地位，建筑业行业生产的技术经济特点，建筑工业化、现代化，建筑业的发展前景及如何振兴建筑业等。

　　2. 建筑市场

　　市场是经济运行的基础，基础好经济运行才能顺利。因此建筑经济学需要研究建筑市场。要研究建筑市场体系、市场组织、市场机制、市场行为等内容。

　　建筑市场运行反映建筑经济运动规律，是建筑经济活动和建筑生产关系的集中体现。建筑市场是以建筑商品为交换对象的市场，也可以看作是由建筑商品、建筑生产活动及其相关机构组成的三维空间。这里除了要从一般市场的角度明确建筑市场的概念以外，还需要分析和研究建筑市场的特殊性。与一般市场不同，建筑市场内商品交易的重要方式——招标投标，是一般经济规律在建筑市场的特殊表现形式。

　　3. 建筑企业

　　既然建筑经济学以建筑业的经济活动为研究对象，研究建筑产品生产、分配和消费的讨程，研究建筑市场的运行规律，就离不开对建筑企业的研究。建筑企业的生产经营都是在建筑经济领域内进行的。随着建筑业与建筑经济学科的发展，建立建筑企业管理这 学科领域也在不断发展。它研究建筑企业的性质、技术经济特点、经营战略等。它不仅遵循建筑领域的技术规律，作为企业经营中应遵循的基本原则，政府与企业的关系、技术进步原则、提高企业经济效益的途径等也是其研究的重要内容。

第三节 建筑经济学的学科发展

建筑活动无疑是一种物质生产活动，同时也表现为一种经济活动。随着社会生产力的发展，建筑生产活动不断发展，人类的建筑经济思想也在不断进步。人类的建筑经济思想可以追溯到原始社会。如果说在原始社会和奴隶社会，人类的建筑经济思想尚处于朦胧阶段，那么，到封建社会，人类的建筑经济思想已越来越明确。我国都江堰工程是按系统思想修建的，对灌溉、蓄水、排洪、排沙等都进行了周密安排；西汉时期出现建筑用砖模数；唐朝开始应用标准设计，并计算劳动定额（当时称为"功"）；公元 1103 年，北宋朝廷颁布并施行了《营造法式》，规定了设计模式、工料限额等，对当时及其以后历代建筑技术和经济的发展有重要影响；元朝曾试用减柱法以节约木材、扩大空间；明朝著有《营造正式》；清朝颁布了《工部工程做法则例》，统一宫式建筑的构建模数和用料标准等。这些都表明，由于建筑活动耗费巨大，历代封建王朝对如何提高建筑经济效益的问题已有所重视。但是，由于封建社会生产力水平、生产方式、生产关系的限制，建筑经济思想的发展有其历史的局限性。

随着资本主义的产生和发展，建筑业逐渐成为国民经济中的一个独立的物质生产部门，这使建筑生产力得以迅速发展，也促进了建筑经济思想的发展。但是，建筑经济学作为一门学科的形成，则滞后于建筑业的形成。建筑经济学学科的形成，不仅取决于建筑领域生产力和生产关系的发展，而且取决于近代和现代经济理论和管理理论的发展。由于各国的具体情况不同，建筑经济学学科形成的时间和发展过程有很大的差异。

建筑经济学体系的理论基础和基本特性仍主要表现在以下四个方面。

1. 基本建设和建筑业部分，使建筑业依附于基本建设，还出现了"资金空转论""两个口袋论""建筑业是基本建设投资者的消费者"等错误理论，直接影响建筑业政策的制定，使建筑业长期处于低利或无利状态。

2. 以产品经济理论为基础，政企不分，其经济运行体制是由国家行政部分按隶属关系直接指挥所属企业的生存经营活动（实际上根本谈不上经营），用行政手段分配任务、资金和物资。这一方面使建筑业形成条块分割的局面，不能形成系统的生产部门，也无法进行行业管理；另一方面又肢解了建筑生产力要素，不能合理地组织社会化的建筑生产。

3. 单纯的生产型经济理论，只讲生产，尤其是只注重施工，而忽视流通的研究，割裂了再生产过程的完整性、统一性。主要表现在排斥市场，把社会化大生产和市场经济共有的招标投标制、承发包制、市场竞争等内容一律加以否定。

4. 流于描述部门的现实和政策解释，而忽视对建筑经济运行和发展客观经济规律的概括和总结，因而难以形成有说服力的理论。从学科自身的建设来看，表现在缺乏科学性、理论性和系统性，自然不能起到源于实践、高于实践、指导实践的作用，不能为国家制定与建筑业有关的经济政策提供正确的理论依据。

第四节　建筑经济学的研究方法

如前所述，建筑经济学的研究对象涉及建筑业、建筑产品、建筑市场及建筑经济活动涉及的相关组织与机构，涉及建筑产业发展、建筑商品生产与市场交易、产业政策等内容，所以整个建筑经济学所研究的对象是一个开放的、非线性的社会经济复杂系统。因此，建筑经济学研究的方法不可能是某一种或某类单独的方法，而是多种方法综合使用的一套系统的研究方法。这些研究方法既要考虑它作为经济学的一个分支——建筑经济学的经济学研究方法，还要考虑到建筑经济学的研究对象——建筑业、建筑产品生产的技术经济特点。

一、建筑经济学研究的理论方法

（一）系统论研究方法

系统论是研究系统的一般模式，结构和规律的学问，它研究各种系统的共同特征，用数学方法定量地描述其功能，寻求并确立适用于一切系统的原理、原则和数学模型，是具有逻辑和数学性质的一门科学。系统论的基本思想方法就是把所研究和处理的对象当作一个系统，分析系统的结构和功能，研究系统、要素、环境三者的相互关系和变动的规律，并优化系统观点看问题。

系统论的研究方法是建筑经济学研究方法论的基本方法。首先，它强调整体的观点，因此研究建筑经济要注重以建筑产业整体最优为导向，不是以组成整个产业中的某个行业、某个企业目标实现为唯一目的；其次，系统论强调平衡的观点，因而建筑经济要强调组成产业的行业与企业发展的平衡；再次，系统论还强调动态的观点，研究建筑经济要着眼于整个建筑产业系统的动态过程，不是局限于某时某刻的整体产业结构最优，而是着眼于整个产业变动过程中的最优；最后，系统论还强调整个系统与周围环境的和谐适应，所以研究建筑经济不能局限于产业内部或某一区域本身，而应使产业发展与整个经济环境相协调。

建筑经济学术语产业经济学范畴，具有建立在特定技术经济方法之上的部门经济特点。在传统的经济学理论中，产业主要指国民经济的物质生产部门，一般而言，每个部门都有专业生产技术和产品，从某种意义上来说，每个部门为一个相对独立的产业，如工业、农业、建筑业、交通运输业等。

建筑经济学既不同于微观经济学的研究对象——某个单独的经济主体（如建筑企业），只需着眼于个量分析；又不同于宏观经济学的研究对象——社会经济总体。建筑经济的研究对象是一个系统，如建筑经济学研究的是建筑经济活动涉及的整个系统。因而建筑经济的研究方法论首先必须着眼于系统分析的角度，既要研究组成系统的各个单元—单个经济主体间的相互作用关系，又要研究这些相互作用的关系是怎样整合最后实现总体的目标。

（二）唯物辩证研究方法

唯物辩证的方法论是我们研究世界任何事物、任何系统的基本方法论，建筑经济学的研究当然也不例外。唯物辩证法告诉我们：事物是运动的、普遍联系的以及发展的。所以研究建筑经济要从发展的角度来分析问题，我们既要根据唯物辩证法的观点认识建筑产业分工、产业结构在某个特定的区域、时间确实是有差异，又要以发展的观点来看待这些差异，以探求实现建筑产业结构优化，促进经济增长的方法。其次，要辩证地、联系地分析建筑经济学概念之间、原理之间及它们与整个学科体系之间的联系，防止片面地理解某个概念、原理甚至片面地应用于实践而造成损失。

唯物辩证法还告诉我们事物的运动发展是由事物的内部矛盾所推动的，事物的矛盾有主要矛盾也有次要矛盾；矛盾本身有矛盾的主要方面和次要方面。同样，一个产业的发展也是由组成该系统的内部各个产业的矛盾作用所推动的。所以我们在研究整个产业系统的运动规律的同时，还要重点抓住主要产业或产业的主要部门的问题，正确对待其发展的优势和劣势，善于抓住主要矛盾，确保整个产业的优化发展。

（三）实证分析与规范分析相结合的方法

实证分析是经济学研究的基本方法，当然也是建筑经济学的基本方法。实证分析主要研究经济现象"是什么"，即考察经济活动的实际运行情况。实证研究又分为理论研究和经验研究两部分。理论研究是通过考察实际经济运行情况，以此归纳出经济运行的规律性，然后从一定的假设出发，以严密的逻辑推理演绎证明这些经济规律的可能性；经验分析则往往是用理论分析得到的经济规律考察经济运行中的实际例证，进一步分析得到的经济规律并指导实践。例如，建筑经济研究中往往要调查统计各种经济变量的实际数值与理论规律比较，用理论规律加以解释以加深对实际建筑产业运行规律的认识。

二、建筑经济学研究方法的选择

建筑经济学的研究，除了要对学科的特点有一个基本的把握外，还要根据这些特点选择和采用适用的、有针对性的研究方法，这样才能取得良好效果。

概括地说，建筑经济学的特点为：第一，建筑经济学是一门发展很快、动态性很强的学科；第二，建筑经济学是大量从其他学科汲取养分的学科；第三，建筑经济学是一门应用性学科。所以，建筑经济学的具体研究方法的选择要注意以下问题。

1. 定性分析与定量分析相结合

建筑产业是一个系统，其经济活动涉及众多的因素，影响国民经济多个变量。要想从总体上获得最优化结果，只有将系统各方面的关系数量化，用抽象的数学关系表述真实的系统关系，探讨系统的规律性。所以定量分析方法是研究建筑经济要尽量采用的方法。

虽然定量分析是尽量采用的，但也离不开定性分析。这是因为：第一，定性分析是定量分析的前提；第二，许多定量分析就是定性分析所得到的对于某个产业的认识的定量化；第三，定性分析往往能减少定量分析的复杂性；第四，越是复杂的系统，定量的研究就越有困难。尤其是建筑经济中的许多经济因素或指标还不能定量或精确定量化，这时，定性分析往往能更有效地简化分析和得到有益的思想。

2. 静态分析与动态分析相结合

静态分析是指考察研究对象在某一时间点上的现象和规律。在计量分析中，常常将这种用于分析比较处于不同发展阶段的研究对象在同一时间点上，或研究某一对象在同一时刻内部结构的数量指标的方法称为横截面分析法。虽然在许多场合静态分析是动态分析的起点和基础，但产业经济学研究更要着眼于动态的、发展的观点，所以动态分析更是产业经济研究的主要方法。动态分析是指研究产业随着时间的推移所显示出的各种发展、演化规律，特别是产业间的关系在经济发展中此长彼消的规律。在计量分析中，称为时间序列分析。产业经济学中的经验性规律，大多都是综合运用动态分析与静态分析相结合的研究方法研究得到的。

3. 统计分析与比较分析相结合

建筑经济学研究的是建筑产业与其他相关产业之间的关系结构以及建筑产业内企业之间相互作用的发展规律。而这些关系除遵循普遍的经济规律外，其表现形式都是寓于特定国家或地区的特定的发展阶段之中的，必然包含着自身特有的特征，我们不能将某一国家、某一时期的产业及产业间联系的发展演化过程，当作一切国家产业及产业间联系的必然过程。从统计学角度来看，这仅仅是某一个体系的特殊特征，所以必须选取较多地区、较多时间点上的多样本，即分析较多国家或地区的同一过程。在此基础上利用统计方法消除掉单个样本的特殊特征，总结出具有代表性的一般产业及产业间联系的发展规律，从而使结论建立在科学的基础之上。

4. 调查研究方法与案例分析研究方法相结合

调查研究是对实际所发生的问题而进行调查的方法，是在现实的建筑经济环境中对实际发生的情况进行的研究，它具有真实性。例如，对某些行业或企业进行调查，收集所需要的各种资料和数据。研究调查可分为普查和抽样调查两种研究方法。

案例分析研究方法用实际发生的经济案例，定性定量相结合地分析说明某一无法精确定量分析的实际的复杂经济事例。案例分析还揭示出普遍经济规律在不同的实际环境中所表现出的不同形式，能培养研究人员对经济实践中所蕴含的经济观体的敏感性，提高其实际分析、判断的能力。

第三章　建筑工程项目管理认知基础知识

现如今，随着我国城市化进程的高速发展，建筑施工企业也如雨后春笋般大量出现。如何保证企业在激烈的施工建筑市场蓬勃发展，成为企业发展的重要问题。但是对于施工企业来说，要发展依赖于施工项目，而一个施工项目要成功则依赖于工程项目的管理。因而，本章就先对建筑工程项目管理的一些基础的内容做简单介绍，并在接下来的章节里有侧重点的开展详细论述。

第一节　工程项目

一、项目

1. 概念

项目是指在一定的约束条件（限定的时间、限定的费用和限定的质量标准等）下具有明确目标和完整的组织结构的一次性任务。如安排一场演出、建造一幢房屋，都可以称为一个项目。

2. 特征

根据项目的定义，可以归纳出项目的三个主要特征。

（1）项目的一次性。项目的一次性是项目最主要的特征，也可称为单件性，是指就任务本身和最终成果而言，没有与此项任务完全相同的另一项任务。只有认识了项目的一次性，才能有针对性地根据项目的特殊情况和要求进行管理。

（2）项目目标的明确性。项目的目标有成果性目标和约束性目标。成果性目标是指项目的功能性要求，如修建一栋居民住宅楼可以居住的户数、一个火力发电厂的发电能力及其技术经济指标等；约束性目标是指限制性条件，如期限、费用及质量等。

（3）项目的整体性。一个项目是一个整体的管理对象。在对其进行生产要素配置时，必须以整体效益的提高为标准，保证数量、质量和结构的总体优化。绝不能将项目割裂开来进行管理。由于项目的内外环境是变化的，因此管理和生产要素的配置应该是动态的。

每个项目都必须具备以上三个特征，缺一不可。

3. 分类

项目按专业特征划分，主要包括科学研究项目、工程项目、维修项目、咨询项目等。其中，工程项目是项目中数量最大的一类，又可划分为建设项目、设计项目、工程咨询项目和施工项目。

二、基本建设

1. 概念

基本建设，就是横贯国民经济各部门，并为其形成固定资产的综合性经济活动过程，包括规划设计、建造、购置和安装固定资产的活动及与之相关联的其他工作。

固定资产是指在社会再生产过程中，能够在较长时期内使用而不改变其实物形态的物质资料，如各种建筑物（即房屋，是指供人们生活、办公、生产的场所），构筑物（不直接作为人们生活、生产的场所，为生产、生活提供功能），机电设备，运输工具以及在规定金额以上的工、器具等。

进行基本建设与国民经济各部门有着密切的关系：一是搞基本建设离不开国民经济各部门的配合协作；二是国民经济各部门都需要基本建设。工矿、交通、农林、水利、财政、贸易、文化、教育、卫生、城市建设及各级政府机关等部门，所属单位的事业建设、住宅建设、科学试验研究建设、卫生建设及公共事业建设均属基本建设。

简而言之，基本建设即形成固定资产综合性的经济活动。

2. 内容

基本建设是固定资产的建设，按其内容构成来说，包括以下内容：

（1）固定资产的建筑和安装（固定资产的建造）。包括建筑物的建造和机械设备的安装两部分工作。

1）建筑工程。主要包括各种建筑物（如厂房、宿舍、办公楼、教学楼、医院、仓库等）和构筑物（如烟囱、水塔、水池等）的建造。

2）安装工程。主要包括生产设备、电气装置、管道、通风空调、自动化仪表、工业窑炉等的安装。

固定资产的建筑和安装工作，必须兴工动料，通过施工活动才能实现。它是创造物质财富的生产性活动，是基本建设的重要组成部分。

（2）固定资产的购置。包括各种机械、设备、工具和器具的购置。这些在生产中要用到的工具称为固定资产。固定资产有的需要安装，如发电机组、空压机、散装锅炉等；有的不需要安装，如车辆、船舶、飞机等。

（3）其他基本建设工作。主要是指勘察设计、土地征购、拆迁补偿、科学试验等工作以及它们所需要的费用等。这些工作和投资是进行基本建设必不可少的，没有它们，基本建设就难以进行，或者工程建成后也无法投产和交付使用。

3. 范围

基本建设的范围包括各种对固定资产所进行的新建、扩建、改建、恢复和迁建等建设工作。

三、建设项目

1. 概念

基本建设项目，简称建设项目，是项目中最重要的一种。

凡是按一个总体设计组织施工，建成后具有完整的系统，可以独立地形成生产能力或使用价值的建筑工程，称为一个建设项目。

2. 建设项目的层次划分

一个建设项目，由下列工程内容组成：

（1）单项工程（工程项目）。凡是具有独立的设计文件，竣工后可以独立发挥生产能力或效益的工程，称为单项工程。

（2）单位工程。单位工程是单项工程的组成部分。凡是具有单独设计，可以独立施工，但施工后不能独立发挥生产能力或效益的工程，称为单位工程。

（3）分部工程。一般按照工程部位、专业性质划分。

（4）分项工程。一般按照选用的施工方法、施工内容、使用材料等因素划分，以便专业施班组施工。

第二节　工程项目的建设程序

一、建设项目的建设程序

建设项目的建设程序是指建设项目在整个建设过程中的各项工作必须遵循的顺序。它是几十年来我国基本建设工作的实践经验和科学总结，也是拟建建设项目在整个建设过程中必须遵循的客观规律。

一个建设项目，如一条高速公路的建设，从计划建设到建成投产，要经过建设决策、建设实施和交付使用三个阶段。这三个阶段可分为如下八个步骤。

1. 项目建议书

项目法人按国民经济和社会发展的长远规划、行业规划和建设单位所在的城镇规划的要求，根据本单位的发展需要，经过调查和预测、分析，编报项目建议书。

项目建议书是建设单位向国家提出建设某一项目的建议性文件，是对项目投资进行的初步估算，是对拟建项目的初步设想。

（1）预可行性研究（项目建议书）纲要

预可行性研究（项目建议书）纲要的主要内容包括：实施纲要；项目背景与历史；市场和工厂的生产能力；材料投入物；建厂地区与厂址；项目设计；工厂和组织机构；人工；建设进度表；财务及经济估价。

（2）预可行性研究（项目建议书）的作用

预可行性研究是选择建设项目的依据，只有在项目建议书批准后，方可进行项目可行性研究；利用外资的项目，只有在批准项目建议书后，方可对外开展工作。

（3）项目建议书的编制方法

1）论证重点：是否符合国家宏观经济政策、产业政策和产品的结构、生产力布局要求。

2）宏观信息：国家和社会发展规划、国家产业政策、技术政策、生产力布局、自然资源的宏观信息。

3）投资估算误差：项目建议书的投资估算误差一般为 ±20%。

4）最终结论：通过市场研究预测产出物的市场前景，利用静态分析指标进行经济分析，以便做出对项目的评价。

5）项目建议书由业主委托咨询机构完成，通过考察与分析，提出项目的设想和对投资机会研究的评估。

（4）项目建议书的审查要点

项目建议书提交主管部门审查前，业主应对建议书进行审查，审查要点如下：

1）项目是否符合国家的建设方针和长期规划，以及产业结构调整的方向与范围。

2）项目产品符合市场需要的论证理由是否充分。

3）项目的建设地点是否合理，是否存在不合理的布局或需要进行重复建设。

4）对项目的财务、经济效益和还款要求的估算是否合理，与业主的投资设想是否一致。

5）对遗漏，论证不足的地方，要求咨询机构进行补充、修改。

2. 可行性研究报告

项目建议书批准后，项目法人委托有相应资质的设计、咨询单位，对拟建项目的技术、工程、经济和外部协作条件等方面的可行性，进行全面分析、论证和方案比较，推荐最佳方案；可行性研究报告是项目决策的依据，应符合国家规定，能够达到一定的深度和准确性，其投资估算和初步设计概算的出入不得大于10%，否则将对项目进行重新决策。

可行性研究报告的主要作用是为建设项目投资决策提供依据，同时，也为建设项目设计、银行贷款、申请开工建设、建设项目实施、项目评估、科学试验、设备制造等提供依据。批准的可行性研究报告是项目最终决策文件。可行性研究报告经有关部门审查通过，拟建项目方可正式立项。

可行性研究报告的内容如下：总论；需求预测与拟建规模；资源、原材料、燃料及公用设施情况；厂条件与厂址方案；设计方案；环境保护；企业组织、劳动定员和培训估算；

实施进度的建议；投资估算和资金筹措；社会及经济效益评价。

3. 初步设计

可行性研究报告批准后，项目法人委托具有相应资质的设计单位。按照批准的可行性研究报告的要求，编制初步设计。初步设计批准后，设计概算工程投资的最高限额，未经批准不得随意突破限额。因不可抗拒因素造成投资突破设计概算，需上报原批准部门审批。

初步设计是根据批准的可行性研究报告和设计基础资料对工程进行系统研究。经概略计算，如果初步设计提出的总概算超过可行性研究报告总投资的10%，或者其他主要指标需要变更应重新向原审批单位报批。

4. 施工图设计

初步设计批准后，项目法人委托具有相应资质的设计单位，按照批准的初步设计组织施工图设计。

5. 年度投资计划

项目建议书、可行性研究报告、初步设计经批准后向主管部门申请列入投资计划。

6. 开工报告

建设项目已完成各项准备工作，具备开工条件，建设单位应及时向主管部门和有关单位提出开工报告，开工报告批准后即可进行项目施工。

7. 竣工验收，交付使用

竣工验收，交付使用是工程项目从计划、设计到施工的非常重要的一步。验收合格，标志着国家又增加一项新的固定资产。

根据国家的有关规定，建设项目按批准的内容完成后，符合验收标准的，须及时组织验收和办理交付使用资产移交手续。

8. 项目后评价

项目后评价是指在项目已经完成并运行一段时间后，对项目的目的、执行过程、效益、作用和影响进行系统的、客观的分析和总结的一项技术经济活动。

上述八个步骤，就是基本建设的程序，即基本建设各项工作的先后顺序，该顺序不得违背，颠倒。

坚持建设程序的意义如下：依法管理工程建设，保证正常的建设秩序；科学决策，保证投资效果；顺利实施建筑工程项目，保证工程的质量与安全；顺利开展建筑工程项目管理。

二、建筑工程施工程序

施工程序是指施工单位从承接工程业务到工程竣工验收一系列工作必须遵循的顺序，是基本建设程序中的一个阶段。其可以分为承接业务签订合同、施工准备、正式施工和竣工验收四个阶段。

1. 承接业务签订合同

施工单位承接业务的方式有三种，即国家或上级主管部门直接下达、受建设单位委托而承接、通过投标中标而承接。无论采用哪种方式承接业务，施工单位都要检查建设单位的合法性，确认施工项目是否有批准的正式文件、是否列入基本建设年度计划、是否落实投资等。

承接施工任务后，及时要求签订施工合同，合同具有法律效力，需要双方共同遵守。施工合同应规定承包范围、内容、要求、工期、质量、造价、技术资料、材料的供应及合同双方应承担的义务和职责，以及双方应提供施工准备工作的要求（如土地征购、申请施工用地、施工执照、拆除现场障碍物、接通场外水源、电源、道路等），这是编制建筑工程施工组织设计必须遵循的依据之一。

2. 施工准备

签订施工合同后，施工单位应全面了解工程性质、规模、特点及工期要求等，并进行场址勘察、技术经济和社会调查，收集有关资料编制施工组织总设计。当施工组织总设计经批准后，施工单位应组织先遣人员进入施工现场，与建设单位密切配合，共同做好各项开工前的准备工作，为顺利开工创造条件。根据施工总设计的规划，对首批施工的各单位工程，应抓紧落实各项施工准备工作（如图纸会审，编制单位工程施工组织设计，落实劳动力、材料、构件、施工机具及现场"三通一平"（水通、电通、路通及场地平整）等）。具备开工条件后，提出开工报告，经审查批准后，即可正式开工。

3. 正式施工

施工过程是施工程序中的主要阶段，一个建设项目，从整个施工现场全局来说，一般应坚持先全面后个别、先整体后局部、先场外后场内、先地下后地上的施工步骤；从一个单项（单位）工程的全局来说，除了按照总的全局指导和安排外，还应坚持土建、安装的密切配合，按照拟定的施工组织设计，精心组织施工。加强各单位、各部门的配合与协作，协调解决各方面的问题，使施工活动顺利开展。

同时，在施工过程中，应加强技术，材料、质量、安全、进度及施工现场等各方面的管理工作，落实施工单位内部承包经济责任制，全面做好各项经济核算与管理工作，严格执行各项技术、质量检验制度，抓紧工程收尾和竣工。

4. 竣工验收

工程验收和交付使用是施工的最后阶段。在交工验收前，施工单位内部应先进行预验收，检查各分项分部工程的施工质量，整理各项交工验收的技术经济资料。在此基础上，由建设单位组织竣工验收，经主管部门验收合格后，办理验收签证书，并交付使用。

第三节 建筑工程项目管理的类型和建设各方项目管理的目标和任务

一、工程项目管理的含义

工程项目管理是工程管理（Professional Management in Construction）的一个部分，在整个工程项目的全寿命中，决策阶段的管理是 DM（Development Management，现今没有统一的中文术语，可译为项现今期的开发管理），实施阶段的管理是项目管理（Project Management，PM），使用阶段（或称运营阶段）的管理是设施管理（Facility Management，FM）。

"工程管理"作为一个专业术语，其内涵涉及工程项目全过程的管理，即包括 DM、PM 和 FM，并涉及参与工程项目的各个单位的管理，即包括投资方、开发方、设计方、施工方、供货方和项目使用期的管理方的管理。

工程管理的核心任务是为工程建设增值，工程管理工作是一种增值服务工作。其增值主要表现在两个方面，即工程建设增值和工程使用（运行）增值。

国际设施管理协会（IFMA）所确定的设施管理包括物业资产管理和物业运行管理，这与我国物业管理的概念尚有差异。

工程项目管理的含义有很多种，英国皇家特许建造学会（CIOB）对其作了如下表述：自项目开始至项目完成，通过项目策划（Project Planning）和项目控制（Project Control），使项目的费用目标，进度目标和质量目标得以实现。该表述得到许多国家建造师组织的认可，在工程管理业界有相当强的权威性。

1. "自项目开始至项目完成"是指项目的实施期。

2. "项目策划"是指目标控制前的一系列筹划和准备工作。

3. "费用目标"对业主而言是投资目标，对施工方而言是成本目标。项目决策期管理工作的主要任务是确定项目的定义，而项目实施期项目管理的主要任务是通过管理使项目的目标得以实现。

二、工程项目管理的类型和任务

一个工程项目往往由许多参与单位承担不同的建设任务，而各参与单位的工作性质、工作任务和利益不同，因此就形成了不同类型的项目管理。

1. 工程项目管理的类型

按工程项目不同参与方的工作性质和组织特征划分，工程项目管理有如下类型：业主方的项目管理；设计方的项目管理；施工方的项目管理；供货方的项目管理；建设项目总承包方的项目管理。

2. 业主方的项目管理的目标和任务

业主方的项目管理服务于业主的利益，其项目管理的目标包括项目的投资目标、进度目标和质量目标。

项目的投资目标、进度目标和质量目标之间既有矛盾的一面，也有统一的一面，它们之间是对立统一的关系。

业主方的项目管理工作涉及项目实施阶段的全过程，即在设计前的准备阶段、设计阶段、施工阶段、动用前准备阶段和保修期分别进行安全管理、投资控制、进度控制、质量控制、合同管理、信息管理及组织和协调。

3. 设计方的项目管理的目标和任务

设计方的项目管理的目标包括设计的成本目标、设计的进度目标和设计的质量目标，以及项目的投资目标。

设计方的项目管理的任务如下：与设计工作有关的安全管理；设计成本控制和与设计工作有关的工程造价控制；设计进度控制；设计质量控制；设计合同管理；设计信息管理；与设计工作有关的组织与协调。

4. 施工方的项目管理的目标和任务

施工方的项目管理的目标包括施工的成本目标、施工的进度目标和施工的质量目标。

施工方的项目管理的任务如下：施工安全管理；施工成本控制；施工进度控制；施工质量控制；施工合同管理；施工信息管理；与施工有关的组织与协调。

5. 供货方的项目管理的目标和任务

供货方的项目管理的目标包括供货的成本目标、供货的进度目标和供货的质量目标。

供货方的项目管理的任务如下：供货安全管理；供货成本控制；供货进度控制；供货质量控制；供货合同管理；供货信息管理；与供货有关的组织与协调。

6. 建设项目总承包方的项目管理的目标和任务

建设项目总承包方的项目管理的目标包括项目的总投资目标和总承包方的成本目标、项目的进度目标和项目的质量目标。

建设项目总承包方的项目管理的任务如下：安全管理；投资控制和总承包方的成本控制；进度控制；质量控制；合同管理；信息管理；与建设项目总承包方有关的组织与协调。

第四节 建筑工程项目管理组织

一、组织论概述

1. 不同系统的组织

一个企业、一所学校、一个科研项目或一个建设项目都可以视为一个系统，但不同系统的目标不同，从而形成的组织观念、组织方法和组织手段也就不同，各种系统的运行方式也不同。建设项目作为一个系统，它与一般的系统相比，有其明显的特征。其特征如下：

（1）建设项目都是一次性的，而且没有两个完全相同的项目。

（2）建设项目全寿命周期的延续时间长，一般由决策阶段、实施阶段和运营阶段组成。各阶段的工作任务和工作目标不同，其参与或涉及的单位也不同。

（3）一个建设项目的任务往往由多个甚至许多个单位共同完成，它们多数不具有固定的合作关系，并且一些参与单位的利益也不尽相同，甚至相对立；在进行建设项目组织设计时，应充分考虑上述特征。

2. 系统的组织与系统目标的关系

影响一个系统目标实现的主要因素除组织外，还有其他诸多因素。

（1）人的因素。人的因素包括管理人员和生产人员的数量和质量。

建设单位和该项目所有参与单位（设计、工程监理、施工、供货单位等）的管理人员的数量和质量。

该项目所有参与单位的生产人员（设计、工程监理、施工、供货单位等）的数量和质量。

（2）方法与工具。方法与工具包括管理的方法与工具及生产的方法与工具。

对于建设项目而言，其中人的因素包括：建设单位和所有参与单位的管理的方法与工具；所有参与单位的生产的方法与工具（设计和施工的方法与工具等）。

系统的目标决定了系统的组织，而组织是目标能否实现的决定性因素，这是组织论的一个重要结论。如果将一个建设项目的项目管理视为一个系统，其目标决定了项目管理的组织，而项目管理的组织是项目管理目标能否实现的决定性因素，由此可见项目管理组织的重要性。

控制项目目标的主要措施包括组织措施、管理措施、经济措施和技术措施。其中，组织措施是最重要的措施，如果对一个建筑工程的项目管理进行诊断，首先应分析其组织方面存在的问题，这就说明了组织的重要性。

3. 组织论的研究内容

组织论是一门非常重要的基础理论学科，是项目管理学的母学科。其主要研究系统的组织结构模式、组织分工及工作流程组织。

二、组织结构模式

组织结构模式可用组织结构图来描述，组织结构图也是一个重要的组织工具，反映一个组织系统中各组成部门（组成元素）之间的组织关系（指令关系）。在组织结构图中，矩形框表示工作部门，上级工作部门对其直接下属工作部门的指令关系用单向箭线表示。

常用的组织结构模式包括职能组织结构、线性组织结构和矩阵组织结构等。这几种常用的组织结构模式既可以在企业管理中运用，也可以在建设项目管理中运用。

1.职能组织结构的特点及其应用

在职能组织结构中，每个职能部门可根据其管理职能对其直接和非直接的下属工作部门下达工作指令。因此，每个工作部门可能得到其直接和非直接的上级工作部门下达的工作指令，这样就会形成多个矛盾的指令源。一个工作部门的多个矛盾的指令源会影响企业管理机制的运行。

2.线性组织结构的特点及其应用

在线性组织结构中，每个工作部门只能对其直接的下属部门下达工作指令，每个工作部门也只有一个直接的上级部门，因此，每个工作部门只有唯一的指令源，避免了由于矛盾的指令源而影响组织系统的运行。

在国际上。线性组织结构模式是建设项目管理组织系统的一种常用模式，因为一个建设项目的参与单位很多，少则数十，多则数百，大型项目的参与单位将数以千计，在项目实施过程中，矛盾的指令源会给工程项目目标的实现造成很大的影响，而线性组织结构模式可确保工作指令源的唯一性。

但在一个较大的组织系统中，线性组织结构模式的指令路径过长，有可能会造成组织系统在一定程度上运行困难。

3.矩阵组织结构的特点及其应用

矩阵组织结构是一种较新型的组织结构模式。在矩阵组织结构中，最高指挥者（部门）下设纵向和横向两种不同类型的工作部门。纵向工作部门如人、财、物、产、供、销等职能管理部门，横向工作部门如生产车间等。一个施工企业，如采用矩阵组织结构模式，纵向工作部门可以是计划管理部、技术管理部、合同管理部、财务管理部和人事管理部等，而横向工作部门可以是项目部。

一个大型建设项目如采用矩阵组织结构模式，纵向工作部门可以是投资控制、进度控制、质量控制、合同管理、信息管理、人事管理、财务管理和物资管理等部门，而横向工作部门可以是各子项目的项目管理部。矩阵组织结构适用于大的组织系统，在上海地铁和广州地铁一号线建设时都曾采用矩阵组织结构模式。

在矩阵组织结构中，每一项纵向和横向交汇的工作，指令来自纵向和横向两个工作部门，因此其指令源为两个。当纵向和横向工作部门的指令发生矛盾时，由该组织系统的最高指挥者（部门）进行协调或决策。

在矩阵组织结构中为避免纵向和横向工作部门指令矛盾对工作的影响，可以采用以纵向工作部门指令为主或以横向工作部门指令为主的矩阵组织结构模式，这样也可减少该组织系统的最高指挥者（部门）协调工作量。

三、工程项目结构

1. 建设项目的项目结构分解

项目结构图（Project Diagram，也称为 Work Breakdown Structure，WBS）是一个重要的组织工具，它通过树状图的方式对一个项目的结构进行逐层分解，以反映组成该项目的所有工作任务（该项目的组成部分）。

2. 建设项目的项目结构编码

编码由一系列符号（如文字）和数字组成，编码工作是信息处理的一项重要的基础工作。一个建筑工程项目有不同类型和不同用途的信息，为了有组织地存储信息、方便信息的检索和信息的加工整理，必须对项目的信息进行编码，如项目的结构编码、项目管理组织结构编码、项目的政府主管部门和各参与单位编码（组织编码）、项目实施的工作项编码（项目实施的工作过程的编码）、项目的投资项编码（业主方）/成本项编码（施工方）、项目的进度项（进度计划的工作项）编码、项目进展报告和各类报表编码、合同编码、两件编码、工程档案编码等。

以上这些编码是因不同的用途而编制的，如投资项编码（业主方）/成本项编码（施工方）服务于投资控制工作/成本控制工作；进度项编码服务于进度控制工作。

项目的结构编码依据项目结构图，对项目结构的每一层的每一个组成部分进行编码。其与用于投资控制、进度控制、质量控制、合同管理和信息管理的编码有紧密的有机联系，但它们之间又有区别。项目结构图及其编码是编制上述其他编码的基础。

四、工程项目管理的组织结构

1. 业主方管理的组织结构

对一个项目的组织结构进行分解，以图的方式表示，便形成项目组织结构图（Diagram of Organizational Breakdown Structure），或称为项目管理组织结构图。项目组织结构图反映一个组织系统（如项目管理班子）中各子系统和各元素（如各工作部门）之间的组织关系，以及各工作单位、各工作部门和各工作人员之间的组织关系。而项目结构图描述的是工作对象之间的关系。对一个稍大一些的项目的组织结构应该进行编码，其不同于项目结构编码，但两者之间也有一定的联系。

一个建设项目的实施除业主方外，还有许多单位参加，如设计单位、施工单位、供货单位和工程管理咨询单位以及有关的政府行政管理部门等，项目组织结构图应注意表达业主方以及与项目的各参与单位有关的各工作部门之间的组织关系。

业主方、设计方、施工方、供货方和工程管理咨询方项目管理的组织结构，都可用各自的项目组织结构图予以描述。

2. 业主方管理组织结构的动态调整

工程项目管理的一个重要哲学思想是：在项目实施的过程中，变是绝对的，不变是相对的；平衡是暂时的，不平衡则是永恒的。项目实施的不同阶段，即设计准备阶段、设计阶段、施工阶段和动用前准备阶段，其工程管理的任务特点、管理的任务量，管理人员参与的数量和专业不尽相同，因此，对业主方项目管理组织结构在项目实施的不同阶段应做必要的动态调整，如设计不同阶段的业主方项目管理组织结构图；施工前业主方项目管理组织结构图；施工开始后业主方项目管理组织结构图；工程任务基本完成，动用前准备阶段的业主方项目管理组织结构图等。

第五节　施工企业项目经理

1. 项目经理

项目经理是施工企业法人代表在施工项目中派出的全权代理，是对施工过程全面负责的项目管理者，在项目管理中处于中心地位。

2. 项目经理的作用

关于项目经理的作用，从项目施工管理的需要来说，其工作内容如下：

（1）项目施工决策。项目施工决策包括项目施工方案的制订、专业分包商的选择、关键岗位或项目职能部门负责人的确定、重要或关键设备的选购、大宗原材料的采购、重大技术措施的实施决定等。

（2）项目宏观管理。项目宏观管理包括项目质量目标、成本目标、进度计划及安全目标的制订、实施与考核，质量体系、安全管理制度、施工生产作业程序等规章制度的审核与评审，重大意外或例外情况的处理，生产要素的配置、调度等。

（3）内外协调。内外协调包括项目经理部内部权、责关系的协调，项目经理部与一般职工之间利益关系的协调，项目经理部与企业之间权、责、利关系的协调，项目经理部与业主之间利益关系的协调，项目经理部与监理工程师之间工作关系的协调，项目经理部与分包商之间利益关系的协调，以及项目经理部与原材料供应商之间利益关系的协调等。

（4）激励下属和职工。在制度方面，项目经理应指定有关部门制定规章制度，充分调动职工工作的积极性，鼓励职工做好本职工作，鼓励职工进行工作创新，鼓励职工提出合理化建议等。在个人工作作风与态度方面，应通过工作会议、座谈会、现场观看、开展有关活动等形式或途径，定期或不定期地与职工进行交流和沟通，及时了解职工对施工管理规章制度、管理方法、有关部门负责人的意见，在项目遇到困难时激发职工的工作热情和项目领导班了成员的兴趣，坚定他们实现目标的信念。

3. 项目经理应具备的基本素质

选择怎样的人担任项目经理，取决于两个方面：一方面要看施工项目的需要，不同的项目需要不同素质的人才；另一方面要看施工企业所具备入选的素质。项目经理应具备的基本素质如下：

（1）良好的职业道德（品格素质）。良好的职业道德是一个合格的项目经理必须具备的首要条件，它会激发项目经理的职业意识、事业心和责任感，使项目经理产生把项目管理工作做好的欲望。

（2）能力素质。项目经理需具备六个方面的能力，即决策能力、组织能力、创新能力、协调与控制能力、激励能力、社交能力。

（3）知识素质。广泛的专业项目管理知识与经验是项目经理对项目实施有效管理的一个基本条件。其可以使项目经理懂得在工程项目施工过程中应该管理什么、如何去管理和如何配置资源。

（4）身体素质。由于项目经理要担当繁重的工作，而且其工作条件和生活条件都因现场性强而相当艰苦，因此，项目经理必须年富力强，具有健康的身体，以便保持充沛的精力和坚强的意志。

4. 项目经理的职责、权限和利益

在项目施工管理中，项目经理所处的地位和能够发挥的作用与项目经理在项目实施中责、权、利的规定是分不开的。

（1）项目经理的职责

项目经理的职责是多方面的，由于具体项目内容的不同、承包方式的不同和承包范围的不同，以及施工企业的管理模式和管理经验的差别，对项目经理职责的规定也有所不同。

（2）项目经理的权限

赋予项目经理一定的权限，是确保项目经理承担相应责任的先决条件。为了履行项目经理的职责，项目经理必须具有一定的权限，这些权限应由企业法人代表授予，并用制度和合同具体确定下来。

（3）项目经理的利益

项目经理的最终利益是项目经理行使权力和承担责任的结果，也是商品经济条件下责、权、利相互统一的具体体现。利益可分为两大类：一是经济利益；二是精神奖励。

项目经理的责任、权限和利益是相对的，中心是责任问题，要以责定权，以责定利。

5. 项目经理部的构建与解体

（1）项目经理部的构建

项目经理部是施工项目管理的工作班子，置于项目经理的领导之下。

项目经理部设置的部门有工程技术部门、监督管理部门、经营核算部门和物资设备部门等。

（2）项目经理部的解体

施工项目经理部是一次性、具有弹性的施工现场生产组织机构。工程临近结尾时，业务管理人员乃至项目经理要陆续撤走，此时，项目经理部即解体。

第四章　建设工程项目的组织与管理

建设工程项目有两个非常重要的部分——组织与管理，这两个部分关系着工程项目能否取得成功。那么，本章就关于建设工程项目的组织与管理来做具体论述。

第一节　建设工程项目管理的目标和任务

一、建设工程项目管理的类型

每个建设项目都需要投入巨大的人力、物力和财力等社会资源进行建设，并经历着项目的策划、决策立项、场址选择、勘察设计、建设准备和施工安装等环节，最后才能提供生产或使用，也就是说它有自身的产生、形成和发展过程。各个环节相互联系、相互制约，受到建设条件的影响。

建设工程项目管理自项目开始至实施期；"项目策划"指的是目标控制前的一系列筹划和准备工作；"费用目标"对业主而言是投资目标，对施工方而言是成本目标。项目决策期管理工作的主要任务是确定项目的定义，而项目实施期管理的主要任务是通过管理使往日的目标得以实现。

按建设工程生产组织的特点，一个项目往往由许多参与单位承担不同的建设任务，而各参与单位的工作性质、工作任务和利益不同，因此就形成了不同类型的项目管理。由于业主方是建设工程项目生产过程的总集成者——人力资源、物质资源和知识的集成，业主方也是建设工程项目生产过程的总组织者，因此对于一个建设工程项目而言，虽然有代表不同利益方的项目管理，但是，业主方的项目管理是管理的核心。

1. 按管理层次划分

按项目管理层次可分为宏观项目管理和微观项目管理。

宏观项目管理是指政府（中央政府和地方政府）作为主体对项目活动进行的管理。这种管理一般不是以某一具体的项目为对象，而是以某一类开发或某一地区的项目为对象；其目标也不是项目的微观效益，而是国家或地区的整体综合效益。项目宏观管理的手段是行政、法律、经济手段并存，主要包括：项目相关产业法规政策的制定，项目的财、税、金融法规政策，项目资源要素市场的调控，项目程序及规范的制定与实施，项目过程的监督检查等。微观项目管理是指项目业主或其他参与主体对项目活动的管理。项目的参与主体，一般主要包括：业主，作为项目的发起人、投资人和风险责任人；项目任务的承接主体，指通过承包或其他责任形式承接项目全部或部分任务的主体；项目物资供应主体，指为项目提供各种资源（如资金、材料设备、劳务等）的主体。

微观项目管理是项目参与者为了各自的利益而以某一具体项目为对象进行的管理，其手段主要是各种微观的法律机制和项目管理技术。一般意义上的项目管理，即指微观项目管理。

2. 按管理范围和内涵不同划分

按工程项目管理范围和内涵不同分为广义项目管理和狭义项目管理。

广义项目管理包括从项目投资意向到项目建议书、可行性研究、建设准备、设计、施工、竣工验收、项目后评估全过程的管理。

狭义项目管理指从项目正式立项开始，即从项目可行性研究报告批准后到项目竣工验收、项目后评估全过程的管理。

3. 按管理主体不同划分

一项工程的建设，涉及不同管理主体，如项目业主、项目使用者、科研单位、设计单位、施工单位、生产厂商、监理单位等。各实施单位在各阶段的任务、目的、内容不同，也就构成了项目管理的不同类型，概括起来大致有以下几种项目管理。

（1）业主方项目管理。业主方项目管理是指由项目业主或委托人对项目建设全过程的监督与管理。按项目法人责任制的规定，新上项目的项目建议书被批准后，由投资方派代表，组建项目法人筹备组，具体负责项目法人的筹建工作，待项目可行性研究报告批准后，正式成立项目法人，由项目法人对项目的策划、资金筹措、建设实施生产经营、债务偿还、资产的增值保值，实行全过程负责，依照国家有关规定对建设项目的建设资金、建设工期、工程质量、生产安全等进行严格管理。

项目法人可聘任项目总经理或其他高级管理人员，由项目总经理组织编制项目初步设计文件，组织设计、施工、材料设备采购的招标工作，组织工程建设实施，负责控制工程投资、工期和质量，对项目建设各参与单位的业务进行监督和管理。项目总经理可由项目董事会成员兼任或由董事会聘任。

项目总经理及其管理班子具有丰富的项目管理经验，具备承担所任职工作的条件。从性质上讲是代替项目法人履行项目管理职权的。因此，项目法人和项目总经理对项目建设活动组织管理构成了建设单位的项目管理，这是一种习惯称谓。其实项目投资也可能是合资。

项目业主是由投资方派代表组成的，从项目筹建到生产经营都承担投资风险的项目管理班子。

值得一提的是，现今习惯将建设单位的项目管理称为建设项目管理。这里的建设项目既包括传统意义上的建设项目（即在一个主体设计范围内，经济上独立核算、行政上具有独立组织形式的建设单位），也包括原有建设单位新建的单项工程。

（2）监理方的项目管理。较长时间以来，我国工程建设项目组织方式一直采用工程指挥部制或建设单位自营自管制。由于工程项目的一次性特征，这种管理组织方式往往有很大的局限性，首先在技术和管理方面缺乏配套的力量和项目管理经验，即使配套了项目管理班子，在无连续建设任务时，也是不经济的。因此，结合我国国情并参照国外工程项目管理方式，在全国范围提出工程项目建设监理制。从 1988 年 7 月开始进行建设监理试点，现已全面纳入法制化轨道。社会监理单位是依法成立的、独立的、智力密集型经济实体，接受业主的委托，采取经济、技术、组织、合同等措施，对项目建设过程及参与各方的行为进行监督、协调的控制，以保证项目按规定的工期、投资、质量目标顺利建成。社会监理是对工程项目建设过程实施的监督管理，类似于国外 CM 项目管理模式，属咨询监理方的项目管理。

（3）承包方项目管理。作为承包方，采用的承包方式不同，项目管理的含义也不同。施工总承包方和分包方的项目管理都属于施工方的项目管理。建设项目总承包有多种形式，如设计和施工任务综合的承包，设计、采购和施工任务综合的承包（简称 EPC 承包）等，它们的项目管理都属于建设项目总承包方的项目管理。

二、业主方项目管理的目标和任务

业主方项目管理是站在投资主体的立场上对工程建设项目进行综合性管理，以实现投资者的目标。项目管理的主体是业主，管理的客体是项目从提出设想到项目竣工、交付使用全过程所涉及的全部工作，管理的目标是采用一定的组织形式，采取各种措施和方法，对工程建设项目所涉及的所有工作进行计划、组织、协调、控制，以达到工程建设项目的质量要求，以及工期和费用要求，尽量提高投资效益。

业主方的项目管理工作涉及项目实施阶段的全过程，即设计前的准备阶段、设计阶段、施工阶段、动用前准备阶段和保修期，各阶段的工作任务包括安全管理、投资控制、进度控制、质量控制、合同管理、信息管理、组织协调，如表 4-1 所示。

表 4-1 业主方项目管理的任务

	设计前准备阶段	设计阶段	施工阶段	动用前准备阶段	保修期
安全管理					
投资控制					
进度控制					
质量控制					
合同管理					
信息管理					
组织协调					

表 4-1 有 7 行和 5 列，构成业主方 35 分块项目管理的任务。

业主方项目管理服务于业主的利益，其项目管理的目标包括项目的投资目标、进度目标和质量目标。其中投资目标指的是项目的总投资目标。进度目标指的是项目动用的时间目标，也即项目交付使用的时间目标，如工厂建成可以投入生产、道路建成可以通车、旅馆可以开业的时间目标等。项目的质量目标不仅涉及施工的质量，还包括设计质量、材料质量、设备质量和影响项目运行或运营的环境质量等。质量目标包括满足相应的技术规范和技术标准的规定，以及满足业主方相应的质量要求。

业主要与不同的参与方分别签订相应的经济合同，要负责从可行性研究开始，直到工程竣工交付使用的全过程管理，是整个工程建设项目管理的中心。因此，必须运用系统工程的观念、理论和方法进行管理。业主在实施阶段的主要任务是组织协调、合同管理、投资控制、质量控制、进度控制、信息管理。为了保证管理目标的实现，业主对工程建设项目的管理应包括以下职能：

1. 决策职能。由于工程建设项目的建设过程是一个系统工程，因此每一建设阶段的启动都要依靠决策。

2. 计划职能。围绕工程建设项目建设的全过程和总目标，将实施过程的全部活动都纳入计划轨道，用动态的计划系统协调和控制整个工程建设项目，保证建设活动协调有序地实现预期目标。只有执行计划职能，才能使各项工作可以预见和能够控制。

3. 组织职能。业主的组织职能既包括在内部建立工程建设项目管理的组织机构，又包括在外部选择可靠的设计单位与承包单位，实施工程建设项目不同阶段、不同内容的建设任务。

4. 协调职能。由于工程建设项目实施的各个阶段在相关的层次、相关的部门之间存在大量的结合部，构成了复杂的关系和矛盾，应通过协调职能进行沟通，排除干扰，确保系统的正常运行。

5. 控制职能。工程建设项目主要目标的实现是以控制职能为主要手段，不断通过决策、计划、协调、信息反馈等手段，采用科学的管理方法确保目标的实现。目标有总体目标，也有分项目标，各分项目标组成一个体系。因此，对目标的控制也必须是系统的、连续的。

业主对工程建设项目管理的主要任务就是要对投资、进度和质量进行控制。

项目的投资目标、进度目标和质量目标之间既有矛盾的一面，也有统一的一面，它们之间的关系是对立统一的关系。要加快进度往往需要增加投资，要提高质量往往也需要增加投资，过度缩短进度会影响质量目标的实现，这都表现了目标之间关系矛盾的一面。但通过有效的管理，在不增加投资的前提下，也可缩短工期和提高工程质量，这反映了关系统一的一面。

建设工程项目的全寿命周期包括项目的决策阶段、实施阶段和使用阶段。项目的实施阶段包括设计前的准备阶段、设计阶段、施工阶段、动用前准备阶段和保修阶段。招投标工作分散在设计前的准备阶段、设计阶段和施工阶段中进行，因此可以不单独列为招投标阶段。

业主方项目管理服务于业主的利益，其项目管理的目标包括项目的投资目标和进度。

三、设计方项目管理的目标和任务

设计单位受业主委托承担工程项目的设计任务，以设计合同所界定的工作目标及其责任义务作为该项工程设计管理的对象、内容和条件，通常简称设计项目管理。设计项目管理的工作内容是履行工程设计合同和实现设计单位经营方针目标。

设计方项目管理是由设计单位对自身参与的工程项目设计阶段的工作进行管理。因此，项目管理的主体是设计单位，管理的客体是工程设计项目的范围。大多数情况下是在项目的设计阶段。但业主根据自身的需要可以将工程设计项目的范围往前、后延伸，如延伸到前期的可行性研究阶段或后期的施工阶段，甚至竣工、交付使用阶段。一般来说，工程设计项目管理包括以下工作：设计投标、签订设计合同、开展设计工作、施工阶段的设计协调工作等。工程设计项目的管理职能同样是进行质量控制、进度控制和费用控制，按合同的要求完成设计任务，并获得相应报酬。

设计方作为项目建设的一个参与方，其项目管理主要服务于项目的整体利益和设计方本身的利益。其项目管理的目标包括设计的成本目标、设计的进度目标和设计质量目标，以及项目的投资目标。项目的投资目标能否实现与设计工作密切相关。

设计方的项目管理工作主要在设计阶段进行，但它也涉及设计前的准备阶段、施工阶段、动用前准备阶段和保修期。

设计方项目管理的任务包括：与设计工作有关的安全管理；设计成本控制以及与设计工作有关的工程造价控制；设计进度控制；设计质量控制；设计合同管理；设计信息管理；与设计工作有关的组织和协调。

四、施工项目管理的目标和任务

施工方对工程承包项目的管理在其承包的范围内进行。此时，承包商处于供应者的地位（向业主提供）。其管理的覆盖面通常是在工程建设项目的招投标、施工、竣工验收和交付使用阶段。施工方项目管理的总目标是实现企业的经营目标和履行施工合同，具体的目标是施工质量、成本、进度、施工安全和现场标准化。这一目标体系既是企业经营目标的体现，也和工程项目的总目标密切联系。施工方作为项目建设的一个参与方，其项目管理主要服务于项目的整体利益和施工方本身的利益。其项目管理的目标包括施工的成本目标、施工的进度目标和施工质量目标。

施工方的项目管理工作主要在施工阶段进行，但它也涉及设计准备阶段、设计阶段、动用前准备阶段和保修期。在工程初期，设计阶段和施工阶段往往是交叉的，因此，施工方的项目管理工作也涉及设计阶段。

1. 施工方项目管理的任务

施工安全管理；施工成本控制；施工质量控制；施工合同管理；施工进度控制；施工

信息管理；与施工有关的组织与协调。

施工项目管理的主体是以施工项目经理为首的项目经理部，客体是具体的施工对象、施工活动以及相关的生产要素。

2. 工程承包项目管理的主要内容

（1）建立承包项目经理部

1）选聘工程承包项目经理部。

2）以适当的组织形式，组建工程承包项目管理机构，明确责任、权限和义务。

3）按照工程承包项目管理的要求，制定工程承包项目管理制度。

（2）制订工程承包项目管理计划。工程项目管理计划是对该项目管理组织内容、方法、步骤、重点进行预测和决策等做出的具体安排。工程承包项目管理计划的主要内容有：

1）进行项目分解，以便确定阶段性控制目标，从局部到整体进行工程项目承包活动和进行工程承包项目管理。

2）建立工程承包项目管理工作体系，绘制工程承包项目管理工作结构图和相应管理信息流程图。

3）确定工程承包项目管理计划，确定管理点，形成文件，以利执行。

（3）进行工程承包项目的目标控制。主要包括进度、质量、成本、安全施工现场等目标控制。

（4）对施工项目的生产要素进行优化配置和动态管理。施工项目的生产要素是工程承包项目目标得以实现的保证，主要包括劳动力、材料、设备、资金和技术。

生产要素管理的内容包括：分析各项生产要素的特点；按照一定原则、方法对施工活动生产要素进行优化配置，并对配置状况进行评价；对施工项目的各项生产要素进行动态管理。

（5）工程承包项目的合同管理。由于工程承包项目管理是在市场条件下进行的特殊交易活动的管理，这种交易从招投标开始，持续于管理的全过程，因此必须签订合同，进行履约经营。合同管理的好坏直接涉及工程承包项目管理以及工程承包项目的技术经济效果和目标实现。

（6）工程承包项目的信息管理。工程承包项目管理是一项复杂的现代化管理活动，要依靠大量的信息及对大量信息进行管理。

第二节　建设工程项目的组织

一、传统的项目组织机构的基本形式

1. 直线式项目组织机构

特点：没有职能部门，企业最高领导层的决策和指令通过中层、基层领导纵向一根直线式地传达给第一线的职工，每个人只接受其上级的指令，并对其上级负责。

缺点：所有业务集于各级主管人员，领导者负担过重，同时其权力也过大，易产生官僚主义。

2. 职能式项目组织机构

职能式项目组织机构是专业分工发展的结果，最早由泰勒提出。

特点：强调职能专业化的作用，经理与现场没有直接关系，而是由各职能部门的负责人或专家去指挥现场与职工。

缺点：过于分散权力，有碍于命令的统一性，容易形成多头领导，也易产生职能的重复或遗漏。

3. 直线职能式项目组织机构

直线职能式项目组织机构力图取以上二者的优点，避开以上二者的缺点。既能保持直线式命令系统的统一性和一贯性，又能采纳职能式专业分工的优点。

特点：各职能部门与施工现场均受到公司领导的直接领导。各职能部门对各施工现场起指导、监督、参谋作用。

二、建设项目组织管理体制

1. 传统的组织管理体制

（1）建设单位自管方式

即基建部门负责制（基建科）——中、小项目。

建设单位自管方式是我国多年来常用的建设方式，是由建设单位自己设置基建机构，负责支配建设资金、办理规划手续及准备场地、委托设计、采购器材、招标施工、验收工程等全部工作，有的还自己组织设计、施工队伍，直接进行设计施工。

（2）工程指挥部管理方式即企业指挥部负责制——由各方人员组成，适合大、中型项目。

在计划经济体制下，我国过去大型工程项目和重点工程项目多采用这种方式。指挥部通常由政府主管部门指令各有关方面派代表组成。

2.改革的必然性及趋势

（1）改革的必然性

1）是工程项目建设社会化、大生产化和专业化的客观要求。

2）是市场经济发展的必然产物。

3）是适应经济管理体制改革的需要。

（2）改革的趋势

1）在工程项目管理机构上，要求其必须形成一个相对独立的经济实体，并且有法人资格。

2）在管理机制上，要以经济手段为主，行政手段为辅，以竞争机制和法律机制为工程项目各方提供充分的动力和法律保证。

3）使工程项目有责、权、利相统一的主管责任制。

4）甲、乙双方项目经理实施沟通。

5）人员素质的知识结构合理，专业知识和管理知识并存。

（3）科学地建立项目组织管理体系

1）总承包管理方式

总承包管理方式，是业主将建设项目的全部设计和施工任务发包给一家具有总承包资质的承包商。这类承包商可能是具备很强的设计、采购、施工、科研等综合服务能力的综合建筑企业，也可能是由设计单位、施工企业组成的工程承包联合体。我国把这种管理组织形式叫作"全过程承包"或"工程项目总承包"。

2）工程项目管理承包方式

建设单位将整个工程项目的全部工作，包括可行性研究、场地准备、规划、勘察设计、材料供应、设备采购、施工监理及工程验收等全部任务，都委托给工程项目管理专业公司去做。工程项目管理专业公司派出项目经理，再进行招标或组织有关专业公司共同完成整个建设项目。

3）三角管理方式

这是常用的一种建设管理方式，是把业主、承包商和工程师三者相互制约、互相依赖的关系形象地用三角形关系来表述。其中，由建设单位分别与承包单位和咨询公司签订合同，由咨询公司代表建设单位对承包单位进行管理。

4）BOT方式

BOT方式是Build-Operate-Transfer的缩写，可直称"建设—经营—转让方式"，或称为投资方式，有时也被称为"公共工程特许权"。通常所说的BOT至少包括以下三种方式：

①标准BOT，即建设—经营—转让方式。私人财团或国外财团愿意自己融资，建设某项基础设施，并在东道国政府授予的特许经营期内经营该公共设施，以经营收入抵偿建设投资，并取得一定收益，经营期满后将该设施转让给东道国政府。

②BOOT，即建设—拥有—经营—转让方式。BOT与BOOT的区别在于：BOOT在特

许期内既拥有经营权也拥有所有权，此外，BOOT 的特许期比 BOT 长一些。

③ BOO，即建设—拥有—经营方式。该方式特许承建商根据政府的特许权，建设并拥有某项公共基础设施，但不将该设施移交给东道国政府。以上三种方式可统称为 BOT 方式，也可称为广义的 BOT 方式。BOT 方式对政府、承包商、财团均有好处，现如今在发展中国家得到广泛应用，我国已在 1993 年决定采用，以引进外资用于能源、交通运输基础设施建设。BOT 方式说明，投资方式的改变，带动了项目管理方式的改变。BOT 方式是一种从开发管理到物业管理的全过程的项目管理。

三、施工项目管理组织形式

1. 组织形式

组织结构的类型，是指一个组织以什么样的结构方式去处理管理层次、管理跨度、部门设置和上下级关系。项目组织机构形式是管理层次、管理跨度、管理部门和管理职责的不同结合。项目组织的形式应根据工程项目的特点、工程项目承包模式、业主委托的任务以及单位自身情况而定。常用的组织形式一般有以下四种：工作队制、部门控制式、矩阵制、事业部制。

（1）我国推行的施工项目管理与国际惯例通称的项目管理一致：项目的责任人履行合同；实行两层优化的结合方式；项目进行独立的经济核算。但必须进行企业管理体制和配套改革。

（2）对施工项目组织形式的选择要求做到以下几个方面：

1）适应施工项目的一次性特点，使项目的资源配置需求可以进行动态的优化组合，能够连续、均衡地施工。

2）有利于施工项目管理依据企业的正确战略决策及决策的实施能力，适应环境，提高综合效益。

3）有利于强化对内、对外的合同管理。

4）组织形式要为项目经理的指挥和项目经理部的管理创造条件。

5）根据项目规模、项目与企业本部距离及项目经理的管理能力确定组织形式，使层次简化、分权明确、指挥灵便。

2. 工作队制

（1）工作队制的特征

项目组织成员与原部门脱离；职能人员由项目经理指挥，独立性大；原部门不能随意干预其工作或调回人员；项目管理组织与项目同寿命。

适用范围：大型项目、工期要求紧迫的项目，要求多工种、多部门密切配合的项目。

要求：项目经理素质高，指挥能力强。

（2）工作队制的优点

有利于培养一专多能的人才并充分发挥其作用；各专业人员集中在现场办公，办事效率高，解决问题快；项目经理权力集中，决策及时，指挥灵便；项目与企业的结合部关系弱化，易于协调关系。

（3）工作队制的缺点

配合不熟悉，难免配合不力；忙闲不均，可能影响积极性的发挥，同时人才浪费现象严重。

3. 部门控制式

部门控制式项目管理组织形式是按照职能原则建立的项目组织。

特征：不打乱企业现行的建制，由被委托的部门（施工队）领导。

适用范围：适用于小型的、专业性较强的不需涉及众多部门的施工项目。

（1）部门控制式项目管理组织形式的优点

人才作用发挥较充分，人事关系容易协调；从接受任务到组织运转启动时间短；职责明确、职能专一，关系简单；项目经理无须专门培训便容易进入状态。

（2）部门控制式项目管理组织形式的缺点

不能适应大型项目管理需要；不利于精简机构。

4. 矩阵制

矩阵制组织是在传统的直线职能制的基础上加上横向领导系统，两者构成矩阵结构，项目经理对施工全过程负责，矩阵中每个职能人员都受双重领导。即"矩阵组织，动态管理，目标控制，节点考核"，但部门的控制力大于项目的控制力。部门负责人有权根据不同项目的需要和忙闲程度，在项目之间调配部门人员。一个专业人员可能同时为几个项目服务，特殊人才可充分发挥作用，大大提高人才效率。矩阵制是我国推行项目管理最理想、最典型的组织形式，它适用于大型复杂的项目或多个同时进行的项目。

（1）矩阵制项目管理组织形式的特征

专业职能部门是永久性的，项目组织是临时性的；双重领导，一个专业人员可能同时为几个项目服务，提高人才效率，精简人员，组织弹性大；项目经理有权控制、使用职能人员；没有人员包袱。

（2）矩阵制项目管理组织形式的优缺点

优点：一个专业人员可能同时为几个项目服务，特殊人才可充分发挥作用，大大提高人才效率；缺点：配合生疏，结合松散；难以优化工作顺序。

（3）矩阵制项目管理组织形式的适用范围

一个企业同时承担多个需要进行项目管理工程的企业；适用于大型、复杂的施工项目。

5. 事业部制

（1）事业部制项目管理组织形式的特征

1）各事业部具有自己特有的产品或市场。根据企业的经营方针和基本决策进行管理，对企业承担经济责任，而对其他部门是独立的。

2）各事业部有一切必要的权限，是独立的分权组织，实行独立核算。主要思想是集中决策，分散经营。

（2）事业部制项目管理组织形式的优缺点

1）优点：当企业向大型化、智能化发展并实行作业层和经营管理层分离时，事业部制组织可以提高项目应变能力，积极调动各方积极性。

2）缺点：事业部组织相对来说比较分散，协调难度较大，应通过制度加以约束。

（3）事业部制项目管理组织形式的适用范围

企业承揽工程类型多或工程任务所在地区分散或经营范围多样化时，有利于提高管理效率。需要注意的是，一个地区只有一个项目，没有后续工程时，不宜设立事业部。事业部与地区市场同寿命，地区没有项目时，该事业部应当撤销。

第三节　建设工程项目综合管理

1. 文件管理的主要工作内容

（1）项目经理部文件管理工作的责任部门为办公室。

（2）文件包括：本项目管理文件和资料；相关各级、各部门发放的文件；项目经理部内部制定的各项规章制度；发至各作业队的管理文件、工程会议纪要等。

（3）填制文件收发登记、借阅登记等台账，对文件的签收、发放、交办等程序进行控制，及时做好文件与资料的归档管理。

（4）对收到的外来文件按规定进行签收登记后，及时送领导批示并负责送交有关人员、部门办理。

（5）文件如需转发、复印和上报各类资料、文件，必须经领导同意，同时做好文件复印、发放记录并存档，由责任部门确定发放范围。

（6）文件需外借时，应经项目经理书面批准后填写文件借阅登记，方可借阅，并在规定期限内归还。

（7）对涉及经济、技术等方面的机密文件、资料要严格按照建设公司有关保密规定执行。

2. 印鉴管理的主要工作内容

（1）项目经理部行政章管理工作责任部门为办公室，财务章管理责任部门为计财部。

（2）项目经理部印章的刻制、使用及收管必须严格按照建设公司的规定执行，由项目经理负责领取和交回。

（3）必须指定原则性强、认真负责的同志专人管理。

（4）作业队对外进行联系如使用项目经理部的介绍信、证明等，须持有作业队介绍信并留底，注明事宜，经项目经理批准后，方可使用项目经理部印章。

（5）须对用印进行登记，建立用印登记台账，台账应包括用印事由、时间、批准人、经办人等内容。

3. 档案资料管理的主要工作内容

（1）项目经理部档案资料管理工作的责任部门为办公室。

（2）工程档案资料收集管理的内容

1）工程竣工图。

2）随机技术资料：设备的出厂合格证、装箱单、开箱记录、说明书、设备图纸等。

3）监理及业主（总包方）资料：监理实施细则；监理所发文件、指令、信函、通知、会议纪要；工程计量单和工程款支付证书；监理月报；索赔文件资料；竣工结算审核意见书；项目施工阶段各类专题报告；业主（总包方）发出的相关文件资料。

4）工程建设过程中形成的全部技术文字资料

①一类文字资料：图纸会审纪要；业务联系单及除代替图、新增图以外的附图；变更通知单及除代替图、新增图以外的附图；材料代用单；设备处理委托单；其他形式的变更资料。

②二类文字材料：交工验收资料清单；交工验收证书、实物交接清单、随机技术资料清单；施工委托书及其补充材料；工程合同（协议书）；技术交底，经审定的施工组织设计或施工方案；开工报告、竣工报告、工程质量评定证书；工程地质资料；水文及气象资料；土、岩试验及基础处理、回填压实、验收、打桩、场地平整等记录；施工、安装记录及施工大事记、质量检查评定资料和质量事故处理方案、报告；各种建筑材料及构件等合格证、配合比、质量鉴定及试验报告；各种功能测试、校核试验的试验记录；工程的预、决算资料。

③三类文字材料：地形及施工控制测量记录；构筑物测量记录；各种工程的测量记录。

（3）项目经理部移交到建设公司档案科的竣工资料内容：中标通知、工程承包合同、开工报告、施工组织设计、施工技术总结、交工竣工验收资料、质量评定等级证书、项目安全评价资料、项目预决算资料、审计报告、工程回访、用户意见。

（4）项目经理部向建设公司档案科移交竣工资料的时间为工程项目结束后，项目绩效考核前。

（5）项目经理部按照建设公司档案科的要求内容装订成册后交一套完整的资料。

（6）项目经理部的会计凭证、账簿、报表专项交建设公司档案科保存。

（7）项目经理部应随时做好资料的收集和归档工作，专人负责，建立登记台账，如需转发、借阅，复印时，应经项目经理同意后方可办理，并做好记录。

4. 人事管理的主要工作内容

（1）项目经理部人事管理工作责任部门为办公室。

（2）项目经理部原则上职能部门设立"三部一室"，即计财部、工程部、物资部、办公室。组织机构设立与各部门人员的情况应上报项目管理处备案。

（3）项目经理部成立后，项目经理根据项目施工管理需要严格按照以下要求定编人员，提出项目经理部管理人员配备意见，填写《项目经理部机构设置和项目管理人员配备申请表》，根据配备表中的人员名单填写《项目经理部调入工作人员资格审定表》，并上报建设公司人力资源部，经审批后按照建设公司有关规定办理相关手续。

按工程项目类别确定项目经理部人员编制，根据工程实际需要实行人员动态管理：A类项目经理部定员 25 人以下（含 25 人，下同）；B 类项目经理部定员 15 人以下；C 类项目经理部定员 12 人以下；D 类项目经理部定员 10 人以下；E 类项目经理部定员 10 人以下；F 类项目经理部定员 10 人以下。

（4）项目经理部的各类管理人员均实行岗位聘用制，除项目副经理、总工程师、财务负责人由公司聘任之外，其他人员均由项目经理聘用，聘期原则上以工程项目的工期为限，项目结束后解聘。

（5）由项目经理聘用的管理人员，根据工作需要，项目经理有权解聘或退回不能胜任本岗位工作的管理人员。如出现部门负责人或重要岗位上人员变动，应及时将情况向项目管理处上报。

（6）工程中期与工程结束时（或 1 年），由项目经理牵头、项目经理部办公室组织各作业队以及相关人员对项目经理部工作人员的德、能、勤、绩进行考评，根据考评结果填写《项目经理部工作人员能力鉴定表》，并上报建设公司人力资源部和项目管理处备案。

（7）项目经理部管理岗位外聘人员管理

1）项目经理部根据需要和被聘人条件，填写《项目经理部管理岗位外聘人员聘用审批表》，上报建设公司人力资源部审核批准后，由项目经理部为其办理聘用手续，并签订《目经理部管理岗位外聘人员聘用协议》。

2）外聘人员聘用协议书应包括下列内容：聘用的岗位、责任及工作内容；聘用的期限；聘用期间的待遇；双方认为需要规定的其他事项。

5. 办公用品管理

（1）项目经理部办公用品管理工作的责任部门为办公室。

（2）项目经理部购进纳入固定资产管理的办公用品（如计算机、复印机、摄像机、照相机、手机等）时，必须先向建设公司书面请示，经领导签字同意后方可购买。

（3）建立物品使用台账，对办公用品进行专人使用、专人管理，确保办公用品的使用年限，编制《项目经理部办公用品清单表》，对办公用品进行使用登记，对设备损坏、丢失办公用品的领按比例或全价赔偿。

（4）项目经理部购置办公桌椅等设施时，应严格控制采购价格和标准，禁止购买超标准或非办公用品、器械。

（5）项目经理部解体时应将所购办公用品进行清理、鉴定，填写《项目经理部资产实物交接清单表》，向建设公司有关部门办理交接。

6. 施工现场水电管理的主要工作内容

（1）项目经理部应有专人负责施工用水、用电的线路布置、管理、维护。

（2）各作业队用水、用电需搭接分管和二次线时，必须向项目经理部提出申请，经批准后方可接线，装表计量、损耗分摊、按月结算。

（3）作业队的用电线路、配电设施要符合规范和质量要求。管线的架设和走向要服从现场施工总体规划的要求，避免随意性。

（4）作业队和个人不得私接电炉，注意用电安全。

（5）加强现场施工用水的管理，严禁长流水、长明灯，减少浪费。

7. 职工社会保险管理的主要工作内容

（1）项目经理部必须根据建设公司社会保障部的要求按时足额上交由企业缴纳部分的职工社会保险费用，不得滞后或拖欠。

（2）社会保险费用系指建设公司现行缴纳的养老保险金、失业保险金、医疗保险金、工伤保险金。

（3）社会保险费用缴纳的具体办法按建设公司相关文件执行。

第四节　建设工程项目物资管理

一、建设工程项目物资管理的基本要求

物资供应管理即计划、采购、储存、供应、消耗定额管理、现场材料管理、余料处理和材料核销工作，项目经理部要建立健全材料供应管理体系。项目经理部物资部应做到采购有计划，努力降低采购成本，领用消耗有定额，保证物流、信息流畅通。项目经理部应组织有关人员依据合同、施工图纸、详图等编制材料用量预算计划。工程中需用的主材（如钢材、水泥、电缆等）及其他需求量大的材料采购均应实行招标或邀请招标（即议标）采购。由项目经理任组长，材料、造价、财务、技术负责人组成材料采购竞价招标领导小组，物资部负责实施。主材、辅材的采购业务由物资部负责实施。采购过程中必须坚持比质、比价、比服务，公开、公平、公正原则。参与招标或邀标的供应商必须三家以上。业主（总包方）采购的工程设备进场组织协调由物资部负责。物资部应对业务工作各环节的基础资料进行统计分析，改进管理。

物资验收及保管的内容如下：

1. 材料的验收。材料进场必须履行交接验收手续，材料员已到货资料为依据进行材料的验收。验收的内容与订购合同（协议）相一致，包括验品种、验规格、验质量、验数量的"四验"制度及提供合格证明文件等。

资料验证应与到货产品同步进行，验证资料应包括生产厂家的材质证明（包括厂名、品种、出厂日期、出厂编号、试验数据）和出厂合格证，无验证资料不得进行验收。要求复检的材料要有取样送检证明报告。新材料未经试验鉴定，不得用于工程中。

直达现场的材料由项目经理部材料员牵头作业队材料员或保管员进行验收，并填好《物资验收入库单》。在材料验收中发现短缺、残次、损坏、变质及无合格证的材料，不得接收，同时要及时通知厂家或供应商妥善处理。散装地材的计量应以过磅为准，如没有过磅条件，由材料员组织保管员共同确定车型、测量容积、实物量。

2. 材料的保管。材料验收入库后，应及时填写入库单（填写内容有名称、来源、规格、材质、计量单位、数量、单价、金额、运输车号等），由材料员、保管员共同签字确认。

3. 建立和登记《材料收发存台账》，并做好标识，注明来源、规格型号、材质、数量，必须做到账与物相一致。

4. 材料采购后交由作业队负责管理。作业队材料的管理应有利于材料的进出和存放，符合防火、防雨、防盗、防风、防变质的要求。易燃易爆的材料应专门存放、专人负责保管，并有严格的防火、防爆措施。

5. 材料要做到日清、月结、定期盘点，盘点要有记录，盈亏有报告，做到账物相符并按月编制《（ ）月材料供应情况统计表》。项目经理部材料账目调整必须按权限规定经过审批，不得擅自涂改。

6. 物资盘库方法

（1）定期盘点：每年年末或工程竣工后，对库房和现场材料进行全面彻底盘点，做到有账有物，把数量、规格、质量、主要用途搞清楚。

（2）统一安排检查的项目和范围，防止重查和漏查。

（3）统一盘点表格、用具，确定盘点截止日期、报表日期。

（4）安排盘点人员，检查出入库材料手续和日期。

二、材料使用及现场的管理

1. 材料使用管理

为加强作业队材料使用的管理，达到降低消耗的目的，项目部供应的材料都要实行限额领料。

（1）限额领料依据的主要方法

通用的材料定额；预算部门提供的材料预算；施工单位提供的施工任务书和工程量；技术部门提供技术措施及各种配料表。

（2）限额领料单的签发

1）材料员根据施工部门编制的施工任务书和施工图纸，按单位工程或分部工程签发《限额领料单》。作业队分次领用时，做好分次领用记录并签字，但总量不得超过限额量。

2）在材料领发过程中，双方办理领发料（出库）手续，填写《领料单》，注明用料单位，材料名称、规格、数量及领用日期，双方需签字认证。

3）建立材料使用台账，记录使用和节约（超耗）状况。单项工程完工后如有材料节超，须由作业队、造价员、材料员共同分析原因，写出文字性说明并由项目经理部存档。

4）如遇工程变更或调整作业队工作量，须调整限额领料单时，应由作业队以书面形式上报项目经理部，由项目经理部预算员填写补充限额领料单，材料员再根据补充限额领料单发料。限额领料单一式三份，要注明工程部位、领用作业队、材料名称、规格、材质、数量、单位、金额等，作业队与材料员各一份，一份留底。单项工程结束后，作业队应办理剩余材料退料手续。

（3）材料现场管理

项目经理部要在施工现场设立现场仓库和材料堆场，可指定作业队负责材料保管和值班保卫工作。要严格材料发料手续。现场材料的供应，要按工程用料计划、持有审批的领料单进行，无领料单或白条子不得发料。直发现场的材料物资也必须办理入库手续和领料手续。现场材料码放要整齐、安全并做好标识。材料员对质量记录的填写必须内容真实、完整、准确，便于识别、查询。

（4）材料核销与余料处理

材料消耗核算，必须以实际消耗为准，计财部在计算采购入库量和限额领用量之后，根据实物盘点库存量，进行实际消耗核销。工程结束后，项目经理部必须进行预算材料消耗量与实际材料耗用量对比分析，找出节约（超耗）原因，并对施工作业队材料使用情况进行书面说明。材料消耗量严格按照定额规定进行核销。项目经理部要加强现场管理，杜绝材料的损失、浪费。工程结束后，各作业队对现场的余料、废旧材边角料进行处理时应填报《物资处理审批表》，经项目经理认可签字后方可处理。不得将材料成品直接作价处理。材料员要经常组织有关人员把可二次利用的边角余料清理出来，不准作为废钢铁出售，力求达到物尽其用。材料供应完毕后，项目经理部必须填报《合格供方名单确认表》上报设备物资分公司、项目管理处。

二、业主（总包方）提供设备的管理

物资部设备员负责业主（总包方）提供设备的协调管理。参与合同评审、施工图会审，掌握设备供货情况，负责与业主（总包方）协商设备供应方面的工作，根据施工进度网络计划，编排或确认分包单位编制的设备进场计划。参加接受现场发出的设计修改通知单，及时向有关部门转交，并对其中的设备问题解决情况进行跟踪检查，督促落实。参加工程例会及有关专题会议，沟通信息，掌握工程进展情况、设备安装要求、设备进场时间、设备质量问题等，协同运输部门安排重大设备出、入库计划，协助对大型设备出库沿线道路及现场卸车、存放条件的查看落实。组织、监督、指导、协调分包单位对业主设备的验证工作，负责与业主（总包方）联系，商定在设备验证过程中发现的缺陷、缺件、不合格等问题的处理方案。监督并定期检查作业队设备到货验证后是否按有关规定进行标识、储存和防护，对设备的验证资料、移交清单等技术资料是否按要求整理、归档。划分作业队之间的设备分交、设备费用、出库费、缺陷处理费的收取、结算，工程设备的统计、汇总、归档。

第五节　建设工程项目管理规划的内容和编制方法

一、建设工程项目管理规划的概念

1. 建设工程项目管理规划（国际上常用的术语为：Project Brief，Project Implementation Plan，Project Management Plan）是指导项目管理工作的纲领性文件，它从总体上和宏观上对如下几个方面进行分析和描述：为什么要进行项目管理（Why）；项目管理需要做什么工作（What）；怎样进行项目管理（How）；谁做项目管理的哪方面的工作（who）；什么时候做哪些项目管理工作（When）；项目的总投资（Cost）；项目的总进度（Time）。

2. 建设工程项目管理规划涉及项目整个实施阶段，它属于业主方项目管理的范畴。如果采用建设项目总承包的模式，业主方也可以委托建设项目总承包方编制建设工程项目管理规划，因为建设项目总承包的工作涉及项目整个实施阶段。

3. 建设项目的其他参与单位，如设计单位、施工单位和供货单位等，为进行其项目管理也需要编制项目管理规划，但它只涉及项目实施的一个方面，并体现一个方面的利益，可称为设计方项目管理规划、施工方项目管理规划和供货方项目管理规划。

二、建设工程项目管理规划的内容

1. 建设工程项目管理规划一般包括如下内容：项目概述；项目的目标分析和论证；项目管理的组织；项目采购和合同结构分析；投资控制的方法和手段；进度控制的方法和手段；质量控制的方法和手段；安全、健康与环境管理的策略；信息管理的方法和手段；技术路线和关键技术的分析；设计过程的管理；施工过程的管理；风险管理的策略等。

2. 建设工程项目管理规划内容涉及的范围和深度，在理论上和工程实践中并没有统一的规定，应视项目的特点而定。

三、建设工程项目管理规划的编制方法

建设工程项目管理规划的编制应由项目经理负责，并邀请项目管理班子的主要人员参加。

1. 施工组织设计的编制原则

在编制施工组织设计时，宜考虑以下原则：重视工程的组织对施工的作用；提高施工的工业化程度；重视管理创新和技术创新；重视工程施工的目标控制；积极采用国内外先进的施工技术；充分利用时间和空间，合理安排施工顺序，提高施工的连续性和均衡性；合理部署施工现场，实现文明施工。

2. 施工组织总设计和单位工程施工组织设计的编制依据

（1）施工组织总设计的编制依据

主要包括：计划文件；设计文件；合同文件；建设地区基础资料；有关的标准、规范和法律；类似建设工程项目的资料和经验。

（2）单位工程施工组织设计的编制依据

主要包括：建设单位的意图和要求，如工期、质量、预算要求等；工程的施工图纸及标准图；施工总组织设计对本单位工程的工期、质量和成本的控制要求；资源配置情况；建筑环境、场地条件及地质、气象资料，如工程地质勘测报告、地形图和测量控制等；有关的标准、规范和法律；有关技术新成果和类似建设工程项目的资料和经验。

3. 施工组织总设计的编制程序

施工组织总设计的编制通常采用如下程序：收集和熟悉编制施工组织总设计所需的有关资料和图纸，进行项目特点和施工条件的调查研究；计算主要工种工程的工程量；确定施工的总体部署；拟订施工方案；编制施工总进度计划；编制资源需求量计划；编制施工准备工作计划；施工总平面图设计；计算主要技术经济指标。

第六节　建设工程项目目标的动态控制

一、项目目标控制的动态控制原理

1. 由于项目实施过程中主客观条件的变化是绝对的，不变则是相对的；在项目进展过程中平衡是暂时的，不平衡则是永恒的。因此，在项目实施过程中必须随着情况的变化进行项目目标的动态控制。项目目标的动态控制是项目管理最基本的方法论。

2. 项目目标动态控制的工作程序：

第一步，项目目标动态控制的准备工作：将项目的目标进行分解，以确定用于目标控

制的计划值。

第二步，在项目实施过程中项目目标的动态控制：收集项目目标的实际值，如实际投资、实际进度等；定期（如每两周或每月）进行项目目标的计划值和实际值的比较；通过项目目标的计划值和实际值的比较，如有偏差，则采取纠偏措施。

第三步，如有必要，则进行项目目标的调整，目标调整后再回到第一步。

3. 由于在项目目标动态控制时要进行大量的数据处理，当项目的规模比较大，数据处理的量就相当可观，采用计算机辅助的手段有助于项目目标动态控制的数据处理。

4. 项目目标动态控制的纠偏措施主要包括组织措施、管理措施、经济措施、技术措施等。

二、应用动态控制原理控制进度的方法

1. 项目进度目标的分解

从项目开始到项目实施过程中，逐步地由宏观到微观、由粗到细编制深度不同的总进度纲要、总进度规划、总进度计划、各子系统和各子项目进度计划等。

通过总进度和总进度规划的编制，分析和论证项目进度目标实现的可能性，并对项目进度目标进行分解，确定里程碑事件的进度目标。里程碑事件的进度目标可作为进度控制的重要依据。

2. 进度的计划值和实际值的比较

以里程碑事件的进度目标值或再细化的进度目标值作为进度的计划值。进度的实际值指的是相对于里程碑事件或再细化的分项工作的实际进度。进度的计划值和实际值的比较是定量的数据比较。

3. 进度纠偏的措施

（1）组织措施，如：调整项目组织结构、任务分工、管理职能分工、工作流程组织和项目管理班子人员等。

（2）管理措施，如：分析由于管理的原因而影响进度的问题，并采取相应的措施；调整进度管理的方法和手段，改变施工管理和强化合同管理等。

（3）经济措施，如：及时解决工程款支付和落实，加快工程进度所需的资金等。

（4）技术措施，如：改进施工方法和改变施工机具等。

三、应用动态控制原理控制投资的方法

1. 项目投资目标的分解

通过编制投资规划、工程概算和预算，分析和论证项目投资目标实现的可能性，并对项目投资目标进行分解。

2.投资的计划值和实际值的比较

投资控制包括设计过程的投资控制和施工过程的投资控制，其中前者更为重要。在设计过程中投资的计划值和实际值的比较，即工程概算与投资规划的比较，以及工程预算与概算的比较。

在施工过程中投资的计划值和实际值的比较包括：工程合同价与工程概算的比较；工程合同价与工程预算的比较；工程款支付与工程概算的比较；工程款支付与工程预算的比较；工程款支付与工程合同价的比较；工程决算与工程概算工程预算和工程合同价的比较。

由上可知，投资的计划值和实际值是相对的，如：相对于工程预算而言，工程概算是投资的计划值；相对于工程合同价，则工程概算和工程预算都可作为投资的计划值等。

3.投资控制的纠偏措施

（1）组织措施，如：调整项目组织结构、任务分工、管理职能分工、工作流程组织和项目管理班子人员等。

（2）管理措施，如：采取限额设计的方法，调整投资控制的方法和手段，采用价值工程的方法等。

（3）经济措施，如：制订节约投资的奖励措施等

（4）技术措施，如：调整或修改设计，优化施工方法等。

第七节　施工组织设计的内容和编制方法

一、施工组织设计的性质与任务

1.施工组织设计的性质

施工组织设计是规划和指导拟建工程从施工准备到竣工验收全过程的一个综合性的技术经济文件，它应根据建筑工程的设计和功能要求，既要符合建筑施工的客观规律，又要统筹规划，科学地组织施工，采用先进成熟的施工技术和工艺，以最短的工期，最少的劳力、物力，取得最佳的经济效果。

2.施工组织设计的任务

（1）根据建设单位对建筑工程的工期要求、工程特点，选择经济合理的施工方案，确定合理的施工顺序。

（2）确定科学合理的施工进度，保证施工能连续、均衡地进行。

（3）制订合理的劳动力、材料、机械设备等的需要量计划。

（4）制订技术上先进、经济上合理的技术组织保证措施。

（5）制订文明施工安全生产的保证措施。

（6）制订环境保护、防止污染及噪声的保证措施。

二、施工组织设计的作用

1. 施工组织设计作为投标文件的内容和合同文件的一部分可用于指导工程投标与签订工程承包合同。

2. 施工组织设计是工程设计与施工之间的纽带，既要体现建筑工程的设计和使用要求，又要符合建筑施工的客观规律，衡量设计方案施工的可能性和经济合理性。

3. 科学地组织建筑施工活动，保证各分部分项工程的施工准备工作及时进行，建立合理的施工程序，有计划、有目的地开展各项施工过程。

4. 抓住影响工期进度的关键性施工过程，及时调整施工中的薄弱环节，实现工期、质量、成本、文明、安全等各项生产要素管理的目标及技术组织保证措施，提高建筑企业综合效益。

5. 协调各施工单位、各工种、各种资源、资金、时间等在施工流程、施工现场布置和施工工艺等方面的合理关系。

三、施工组织设计的分类

1. 根据编制对象划分

施工组织设计根据编制对象的不同可分为三类，即施工组织总设计、单位工程施工组织设计和分部分项工程施工组织设计。

（1）施工组织总设计

施工组织总设计是以一个建设项目或建筑群为编制对象，用以指导其建设全过程各项施工活动的技术、经济、组织、协调和控制的综合性文件。它是指导整个建设项目施工的战略性文件，内容全面概括，涉及范围广泛。一般是在初步设计或技术设计批准后，由总承包单位会同建设、设计和各分包单位共同编制的，是施工单位编制年度施工计划和单位工程施工组织设计、进行施工准备的依据。

（2）单位工程施工设计组织

单位工程施工组织设计是以一个单位工程为编制对象，用来指导其施工全过程各项活动的技术经济、组织、协调和控制的局部性、指导性文件。它是施工单位施工组织总设计和年度施工计划的具体化，是单位工程编制季度、月计划和分部分项工程施工设计的依据。

单位工程施工组织设计依据建筑工程规模、施工条件、技术复杂程度不同，在编制内容的广度和深度上一般可划分为两种类型：单位工程施工组织设计和简单的单位工程施工组织设计（或施工方案）。

单位工程工组织设计：编制内容全面，一般用于重点的、规模大、技术复杂或采用新技术的建设项目。

简单的单位程施工组织设计（或施工方案）：编制内容较简单，通常只包括"一案一图一表"，即编制施工方案、施工现场平面布置图、施工进度表。

（3）分布分项工程施工组织设计

以技术复杂、施工难度大且规模较大的分部分项工程为编制对象，用来指导其施工过程各项活动的技术经济、组织、协调的具体化文件。一般由项目专业技术负责人编制，内容上包括施工方案、各施工工序的进度计划及质量保证措施。它是直接指导专业工程现场施工和编制月、旬作业计划的依据。

对于一些大型工业厂房或公共建筑物，在编制单位工程施工组织设计之后，常需编制某主要分部分项工程施工组织设计。如土建中复杂的地基基础工程、钢结构或预制构件的吊装工程、高级装修工程等。

2. 根据阶段的不同划分

施工组织设计根据阶段的不同，可分为两类：一类是投标前编制的施工组织设计（简称标前设计）；另一类是签订工程承包合同后编制的施工组织设计（简称标后设计）。

（1）标前设计：在建筑工程投标前由经营管理层编制的用于指导工程投标与签订施工合同的规划性的控制性技术经济文件，以确保建筑工程中标、追求企业经济效益为目标。

（2）标后设计：在建筑工程签订施工合同后由项目技术负责人编制的用于指导工程全过程各项活动的技术经济、组织、协调和控制的指导性文件，以实现质量、工期、成本三大目标，追求企业经济效益最大化为目标。

四、施工组织设计的内容

1. 工程概况

主要包括建筑工程的工程性质、规模、地点、工程特点、工期、施工条件、自然环境、地质水文等情况。

2. 施工方案

主要包括各分部分项工程的施工顺序、主要的施工方法、新工艺新方法的运用、质量保证措施等内容。

3. 施工进度计划

主要包括各分部分项工程根据工期目标制订的横道图计划或网络图计划。在有限的资源和施工条件下，如何通过计划调整来实现工期最小化、利润最大化的目标。是制订各项资源需要量计划的依据。

4. 施工平面图

主要包括机械、材料、加工场、道路、临时设施、水源电源在施工现场的布置情况。是施工组织设计在空间上的安排。确保科学合理地安全文明施工。

5. 施工准备工作

施工准备工作及各项资源需要量计划主要包括施工准备计划、劳动力、机械设备、主要材料、主要构件和半成品构件的需要量计划。

6. 主要技术经济指标

主要包括工期指标、质量指标、安全文明指标、降低成本指标、实物量消耗指标等。用以评价施工的组织管理及技术经济水平。

五、施工组织设计的编制方法与要求

1. 施工组织设计的编制方法

熟悉施工图纸，进行现场踏勘，搜集有关资料；根据施工图纸计算工程量，进行工料分析；选择施工方案和施工方法；确定质量保证措施；编制施工进度计划；编制资源需要量计划；确定临时设施和临时管线，绘制施工现场平面图；技术经济指标的对比分析。

2. 施工组织设计的编制要求

（1）根据工期目标要求，统筹安排，抓住重点。重点工程项目和一般工程项目统筹兼顾，优先安排重点工程的人力、物力和财力，保证工程按时或提前交工。

（2）合理安排施工流程。施工流程的安排既要考虑空间顺序，又要考虑工种顺序。空间顺序解决施工流向问题，工种顺序解决时间上的搭接问题。在遵循施工客观规律的要求下，必须合理地安排施工和顺序，避免不必要的重复工作，加快施工速度，缩短工期。

（3）科学合理地安排施工方案，尽量采用国内外先进施工技术。编制施工方案时，结合工程特点和施工水平，使施工技术的先进性、实用性和经济性相结合，提高劳动生产率，保证施工质量，提高施工速度，降低工程成本。

（4）科学安排施工进度，尽量采用流水施工和网络计划或横道图计划。编制施工进度计划时，结合工程特点和施工技术水平，采用流水施工组织施工，采用网络计划或横道图计划安排进度计划，保证施工连续均衡地进行。

（5）合理布置施工现场平面图，节约施工用地。尽量利用原有建筑物作为临时设施，减少占用施工用地。合理安排运输道路和场地，减少二次搬运，提高施工现场的利用率。

（6）坚持质量和安全同时抓的原则。贯彻质量第一的方针，严格执行施工验收规范和质量检验评定标准，同时建立健全安全文明生产的管理制度，保证安全施工。

第八节 建设工程风险管理

一、风险管理概述

（一）风险的定义与相关概念

1. 风险的定义

所谓风险，是指某一事件的发生所产生损失后果的不确定性。

（1）内涵

定义一：风险就是与出现损失有关的不确定性。

定义二：风险就是在给定情况下和特定的时间内，可能出现结果之间的差异。

由上述风险定义可知，风险具备两个条件：一是不确定性，二是产生损失后果，否则就不能称为风险。因此，肯定发生损失后果的事件不是风险，没有损失后果的不确定性事件也不是风险，必须与人们的行为相联系，否则就不是风险，而是危险。

（2）特征

风险存在的客观性和普遍性；单一具体风险发生的偶然性和大量风险发生的必然性；风险的多样性和多层次性；风险的可变性。

2. 相关概念

（1）风险因素：产生或增加损失概率和损失程度的条件或因素。

（2）风险事件：造成损失的偶发事件，是损失的载体。

（3）损失：非故意、非计划、非预期的经济价值的减少。

（4）损失机会：指损失出现的概率。

1）客观概率：是某事物在长时间发生的频率。

2）主观概率：是人们对某事件发生的可能性的一种判断或估计（主观概率随意性大，受个人的经验、学识、专业乃至兴趣、好恶的影响）。

3. 风险与损失概率之间的关系

损失概率是风险事件出现的频率或可能性，而风险则是风险事件出现后的损失大小。

4. 风险因素、风险事件、损失与风险之间的关系

风险因素引起风险事件，风险事件导致风险损失，风险损失大于预期的损失部分就是风险。

（二）风险分类

风险可以根据不同角度进行分类，常见的风险分类方式有：

1. 按风险的后果分类

（1）纯风险。只会造成损失而绝无收益的可能的风险。例如，自然灾害一旦发生将会导致重大损失，甚至人员伤亡；如果不发生，只是不造成损失而已，但不会带来额外的收益。此外，政治、社会方面的风险一般都表现为纯风险（出现的概率大，长期存在并有一定的规律性）。

（2）投机风险。可能带来损失，也可能带来收益的风险。例如，一项重大投资活动可能因为决策错误或因遇到不测事件而使投资者蒙受灾难性的损失；但如果决策正确，经营有方或赶上大好机遇，则会给投资人带来巨大收益。投机风险具有巨大的诱惑力，如博彩（出现的概率小，规律性差）。

2. 按风险产生的原因分类

按风险产生的原因分政治风险、社会风险、经济风险、自然风险、技术风险等。中经济风险界定可能有一定差异，例如，有人把金融风险作为独立的异类风险来考虑。

3. 按风险的影响范围分类

按风险影响范围的大小可将风险分为基本风险和特殊风险。

（1）基本风险。即作用于整个社会、大多数人群的风险，具有普遍性。如战争、自然灾害、通货膨胀等。其特点是影响的范围大，且后果严重。

（2）特殊风险。是指作用于某特定单体或人群（如企业、个人）的风险，不具有普遍性，例如偷盗、房屋失火、交通事故等，其特点是影响范围小，对整个社会的影响小。

4. 建设工程风险与风险管理

（1）建设工程风险的概念

所谓建设工程风险就是在建设工程中存在的不确定因素以及可能导致结果出现差异的可能性。

（2）建设工程风险的特点

建设工程风险的特点主要是以下三点：

1）建设工程风险大。一般将建设工程风险因素分为政治、社会、经济、自然和技术等。明确这一点，就要从思想上重视建设工程风险的概率大、范围广，采取有力措施进行主动的预防和控制。

2）参与工程建设的各方均有风险，但是各方的风险不尽相同。例如，发生通货膨胀风险事件，在可以调价合同条件下，对业主来说是相当大的风险，而对承包方来说则风险较小；但如果是固定总价合同条件下，对业主就不是风险，对承包商来说就是相当大的风险。因此，要对各种风险进行有效的预测，分析各种风险发生的可能性。

3）建设工程风险在决策阶段主要表现为投机风险，而实施阶段则主要表现为纯风险。

在一项建设工程任务中，投资的资金是极大的（包含土地的使用资金），建设工程参与的部门有设计、施工、监理、设备与材料供应部门，还有政府的管理部门。从重庆綦江的彩虹桥事件到韩国的三丰百货大楼倒塌等都反映了建筑工程风险的长久存在。

（三）风险管理过程

风险管理就是一个识别、确定和度量风险，并指定、选择和实施风险处理方案的过程。风险管理是一个系统的完整的过程，一般也是一个循环过程。风险管理过程包括风险识别、风险评价、风险决策、决策的实施、实施情况的检查五个方面的内容。

1. 风险识别。即通过一定的方式，系统而全面地分辨出影响目标实现的风险事件，并进行归类处理的过程，必要时还需对风险事件的后果做定性分析和估计。

2. 风险评价。风险评价是将建设工程风险事件发生的可能性和损失后果进行定量化的过程。风险评价的结果主要在于确定各种风险事件发生的概率及其对建设工程目标的严重影响程度，如投资增加的数额、工期延误的时间等。

3. 风险决策。是选择确定建设工程风险事件最佳对策组合的过程。通常有风险回避、损失控制、风险自留和风险转移四种措施。

4. 决策的实施。即制订计划并付诸实施的过程。例如，制订预防计划、灾难计划、应急计划等；又如，在决定购买工程保险时，要选择保险公司，确定恰当的保险范围、赔额、保险费等等。这些都是实施风险对策决策的重要内容。

5. 检查。即跟踪了解风险决策的执行情况，根据变化的情况及时调整对策并评价各项风险对策的执行效果。除此之外，还需要检查是否有被遗漏的工程风险或者发现了新的工程风险，也就是进行新一轮的风险识别，开始新的风险管理过程。

二、建设工程风险识别

1. 风险识别的特点和原则

风险识别有以下几个特点：

（1）个别性。任何风险都有与其他风险不同之处，没有两个风险是完全一致的。不同类型建设工程的风险多不相同，而同一建设工程如果建造地点不同，其风险也不同；即使是建造地点确定的建设工程，如果由不同的承包商建造，其风险也不同。因此，虽然不同建设工程风险有不少共同之处，但一定存在不同之处，在风险识别时尤其要注意这些不同之处，突出其风险识别的个别性。

（2）主观性。风险识别都是由人来完成的，由于个人的专业知识水平（包括风险管理方面的知识）、实践经验等方面的差异，同一风险由不同的人识别的结果就会有较大的差异。风险本身是客观存在的，但风险识别是主观行为。在风险识别时，要尽可能减少主观性对风险识别结果的影响。要做到这一点，关键在于提高风险识别的水平。

（3）复杂性。建设工程所涉及的风险因素和风险事件均很多，而且关系复杂、相互影响，使风险识别具有很强的复杂性。因此，建设工程风险识别对风险管理人员要求很高，并且需要准确、详细的依据，尤其是定量分析的资料和数据。

（4）不确定性。这一特点可以说是主观性和复杂性的结果。在实践中，可能因为风险识别的结果与实际不符而造成损失，这往往是由于风险识别结论错误导致风险决策错误而造成的。由风险的定义可知，风险识别本身也是风险。因而避免和减少风险识别的风险也是风险管理的内容。

2. 风险识别的原则

（1）在风险识别过程中应遵循以下原则：

1）由粗及细，由细及粗。由粗及细是指对风险因素进行全面分析，并通过多种途径对工程风险进行分解，逐渐细化，以获得对工程风险的广泛认识，从而得到工程初始风险清单。而由细及粗是指从工程初始风险清单的众多风险中，根据同类建设工程的经验以及工程风险，作为主要风险，即作为风险评价以及风险对策决策的主要对象。

2）严格界定风险内涵并考虑风险因素之间的相关性。对各种风险的内涵要严格加以界定，不要出现重复和交叉现象。另外，还要尽可能考虑各种风险因素之间的相关性，如主次关系、因果关系、互斥关系、负相关关系等。应当说，在风险识别阶段考虑风险因素之间的相关性有一定的难度，但至少要做到严格界定风险内涵。

3）先怀疑，后排除。对于所遇到的问题都要考虑其是否存在不确定性，不要轻易否定可排除某些风险，要通过认真的分析进行确认或排除。

4）排除与确认并重。对于肯定可以排除和肯定可以确认的风险应尽早予以排除和确认。对于一时既不能排除又不能确认的风险再做进一步的分析，予以排除或确认。最后，对于肯定不能排除但又不能肯定予以确认的风险按确认考虑。

5）必要时，可做实验论证。对于某些按常规方式难以判定其是否存在，也难以确定其对建设工程目标影响程度的风险，尤其是技术方面的风险，必要时可做实验论证，如抗震实验、风洞实验等。这样做的结论可靠，但要以付出费用为代价。对于证据不足风险的分析，可以采用试验辅助的方法。

（2）风险识别过程

建设工程自身及其外部环境的复杂性，给人们全面、系统的识别工程风险带来了许多具体的困难，同时也要求明确建设工程风险识别的过程。

由于建设工程风险识别的方法与风险管理理论中提出的一般的风险识别方法有所不同，因而其风险识别的过程也有所不同。建设工程的风险识别往往是通过对经验数据的分析、风险调查、专家咨询以及实验论证等方式，在对建设工程风险进行多维分解的过程中，认识工程风险，建立工程风险清单。

建设工程风险识别的过程：风险识别的结果是建立建设工程风险清单。在建设工程风险识别过程中，核心工作是"建设工程风险分解"和"识别建设工程风险因素、风险事件及后果"。

3. 风险识别的方法

除了采用风险管理理论中风险识别的基本方法外，对建设工程风险的识别，还可以根据其自身特点，采用相应的方法。综合起来，建设工程风险识别的方法有：专家调查法、财务报表法、流程图法、初始清单法、经验数据法和风险调查法。以下简要介绍风险识别的一般方法。

（1）专家调查法

这种方法又有两种方式：一种是召集有关专家开会，让专家各抒己见，起到集思广益的作用；另一种是采用问卷式调查。采用专家调查法时，所提出的问题应具有指导性和代表性，并具有一定的深度，还应尽可能具体。专家所涉及的面应尽可能广泛些，有一定的代表性。对专家发表的意见要由风险管理人员加以归纳分类、整理分析，有时可能要排除个别专家的个别意见。

（2）财务报表法

财务报表有助于确定一个特定企业或特定的建设工程可能遭受哪些损失以及在何种情况下遭受这些损失。通过分析资产负债表、现金流量表、营业报表及有关补充资料，可以识别企业当前的所有资产、责任及人身损失风险。将这些报表与财务预测、预算结合起来，可以发现企业或建设工程未来的风险。

采用财务报表法进行风险识别，要对财务报表中所列的各项会计科目做深入的分析研究，并提出分析研究报告，以确定可能产生的损失，还应通过一些实地调查以及其他信息资料来补充财务记录。由于工程财务报表与企业财务报表不尽相同，因而需要结合工程财务报表的特点来识别建设工程风险。

（3）流程图法

将一项特定的生产或经营活动按步骤或阶段顺序以若干个模块形式组成一个流程图系列，在每个模块中都标出各种潜在的风险因素事件，从而给决策者一个清晰的总体印象。一般来说，对流程图中各步骤或阶段的划分比较容易，关键在于找出各步骤或各阶段不同的风险因素或风险事件。建设工程实施的各个阶段是确定的，关键在于对各阶段风险因素或风险事件的识别。由于流程图的篇幅限制，采用这种方法所得到的风险识别结果较粗。

（4）初始清单法

如果对每一个建设工程风险的识别都从头做起，至少有三方面缺陷：一是耗费时间和精力，风险识别工作的效率低；二是由于风险识别的主观性，可能导致风险识别的随意性，其结果缺乏规范性；三是风险识别成果资料不便积累，对今后的风险识别工作缺乏指导作用。

因此，为了避免以上缺陷，有必要建立初始风险清单。

建立建设工程的初始风险清单常规途径是采用保险公司或风险管理学会（或协会）公布的潜在损失一览表，即任何企业或工程都可能发生的所有损失一览表。以此为基础，风险管理人员再结合本企业或某项工程所面临的潜在损失对一览表中的损失予以具体化，从而建立特定工程的风险一览表。

通过适当的风险分解方式来识别风险是建立建设工程初始风险清单的有效途径。对于大型、复杂的建设工程，首先将其按单项工程、单位工程分解，再对各单项工程、单位工程分别从时间维、目标维和因素维进行分解，可以较容易地识别出建设工程主要的、常见的建设工程风险。

建设工程初始风险清单只是为了便于人们比较全面地认识风险的存在，分清各种风险的来源，便于风险管理，而不至于遗漏重要的工程风险。但这并不是风险识别的最终结论。

在初始风险清单建立后，还需要结合特定建设工程具体情况进一步识别风险，从而对初始风险清单做一些必要的补充和修正。为此，需要参照同类建设工程风险的经验数据或针对具体建设工程的特点进行风险调查，使风险识别的依据更加全面。

（5）经验数据法

经验数据法也称为统计资料法，即根据已建各类建设工程与风险有关的统计资料来识别拟建建设工程的风险。不同的风险管理主体都应有自己关于建设工程风险的经验数据或统计资料。在工程建设领域，可能有工程风险经验数据或统计资料的风险管理主体包括咨询公司（含设计单位）、承包商以及长期有工程项目的业主（如房地产开发商）。由于这些不同的风险管理主体角度不同、数据或资料来源不同，其各自的初始风险清单一般多少有些差异。但是，建设工程风险本身是客观事实，有客观的规律性，当经验数据或统计资料足够多时，这种差异性就会大大减小。风险识别只是对建设工程风险的初步认识，是一种定性分析，因此，这种基于经验数据或统计资料的初始风险清单可以满足对建设工程风险识别的需要。

（6）风险调查法

由风险识别的个别性可知，两个不同建设工程不可能有完全一致的工程风险。因此，在建设工程风险识别的过程中，花费人力、物力、财力进行风险调查是必不可少的，这既是一项非常重要的工作，也是建设工程风险识别的重要方法。

风险调查应当从分析具体建设工程的特点入手，一方面对通过其他方法已识别出的风险（如初始风险清单所列出的风险）进行鉴别和确认；另一方面，通过风险调查有可能发现此前尚未识别出的重要的工程风险。

通常，风险调查可以从组织、技术、自然及环境、经济、合同等方面，分析拟建建设工程的特点以及相应的潜在风险。

风险调查并不是一次性的。由于风险管理是一个系统的、完整的循环过程，因而风险调查也应该在建设工程实施全过程中不断地进行，这样才能了解不断变化的条件对工程风险状态的影响。当然，随着工程实施的进展，不确定性因素越来越少，风险调查的内容亦将相应减少，风险调查的重点有可能不同。

建设工程风险的识别一般综合采用两种或多种风险识别方法。不论采用何种风险识别方法组合，都必须包含风险调查法。从某种意义上讲，前五种风险识别方法的主要作用在于建立初始风险清单，而风险调查法的作用则在于建立最终的风险清单。

三、建设工程风险评价

系统而全面地识别建设工程风险只是风险管理的第一步，对认识到的工程风险还要做进一步的分析，也就是风险评价。风险评价可以采用定性和定量两大类方法。定性风险评价方法有专家打分法、层次分析法等，其作用在于区分出不同风险的相对严重程度以及根据预先确定的可接受的风险水平（风险度）做出相应的决策。从广义上讲，定量风险评价方法也有许多种，如敏感性分析、盈亏平衡分析、决策树、随机网络等。但是，这些方法大多有较为确定的适用范围，如敏感性分析用于项目财务评价，随机网络用于进度计划。

1. 风险评价的作用

（1）更准确地认识风险

风险识别的作用仅仅在于找出建设工程可能面临的风险因素和风险事件，其对风险的认识还是相当肤浅的。通过定量方法进行风险评价，可以定量地确定建设工程各种风险因素和风险事件发生的概率大小或概率分布，及其发生后对建设工程目标影响的严重度或损失严重程度。其中，损失严重程度又可以从两个不同的方面来反映：一方面是不同风险的相对严重程度，据此可以区分主要风险和次要风险；另一方面是各种风险的绝对严重程度，据此可以了解各种风险所造成的损失后果。

（2）保证目标规划的合理性和计划的可行性

建设工程数据库中的数据都是历史数据，是包含了各种风险作用于建设工程实施全过程的实际结果。但是，建设工程数据库中通常没有具体反映工程风险的信息，充其量只有关于重大工程风险的简单说明。也就是说，建设工程数据库只能反映各种风险综合作用的后果，而不能反映各种风险各自作用的后果。由于建设工程风险的个别性，只有对特定建设工程的风险进行定量评价，才能正确反映各种风险对建设工程目标的不同影响，才能使目标规划的结果更合理、更可靠，使在此基础上制订的计划具有现实可行性。

（3）合理选择风险对策，形成最佳风险对策组合

如前所述，不同风险对策的适用对象各不相同。风险对策的适用性需从效果和代价两个方面考虑。风险对策的效果表现在降低风险发生概率和降低损失严重程度的幅度，有些风险对策（如损失控制）在这一点上较难准确量度。风险对策一般都要付出一定的代价，如采取损失控制时的措施费，投保工程险时的保险费等，这些代价一般都可准确量度。而定量风险评价的结果是各种风险的发生概率及其损失严重程度。因此，在选择风险对策时，应将不同风险对策的适用性与不同风险的后果结合起来考虑，对不同的风险选择最适宜的风险对策，从而形成最佳的风险对策组合。

2. 风险损失的衡量

风险损失的衡量就是定量确定风险损失值的大小。建设工程风险损失包括以下方面：

（1）投资风险

投资风险导致的损失可以直接用货币形式来表现，即法规、价格、汇率和利率等的变化或资金使用安排不当等风险事件引起的实际投资超出计划投资的数额。

（2）进度风险

进度风险导致的损失由以下部分组成：

1）货币的时间价值。进度风险的发生可能会对现金流动造成影响，引起经济损失。

2）为赶进度所需的额外费用。包括加班的人工费、机械使用费和管理费等一切因追赶进度所发生的非计划费用。

3）延期投入使用的收入损失。这方面损失的计算相当复杂，不仅仅是延误期间内的收入损失，还可能由于产品投入市场过迟而失去商机，从而大大降低市场份额，因而这方面的损失有时是相当大的。

（3）质量风险

质量风险导致的损失包括事故引起的直接经济损失，以及修复和补救等措施发生的费用以及第三者责任损失等，可分为以下几个方面：建筑物、构筑物或其他结构倒塌所造成的直接经济损失；复位纠偏、加固补强等补救措施和返工的费用；造成的工期延误的损失；永久性缺陷对于建设工程使用造成的损失；第三者责任的损失。

（4）安全风险

安全风险导致的损失包括：受伤人员的医疗费用和补偿费；财产损失，包括材料、设备等财产的损毁或被盗；因工期延误带来的损失；为恢复建设工程正常实施所发生的费用；第三者责任损失。在此，第三者责任损失为建设工程实施期间，因意外事故可能导致的第三者的人身伤亡和财产损失所做的经济赔偿以及必须承担的法律责任。由以上四方面风险的内容可知，投资增加可以直接用货币来衡量；进度的拖延则属于时间范畴，同时也会导致经济损失；而质量事故和安全事故既会产生经济影响又可能导致工期延误和第三者责任，显得更加复杂。而第三者责任除了法律责任之外，一般都是以经济赔偿的形式来实现的。因此，这四方面的风险最终都可以归纳为经济损失。

3. 风险概率的衡量

衡量建设工程风险概率有两种方法：相对比较法和概率分布法。一般而言，相对比较法主要是依据主观概率，而概率分布法的结果则接近于客观概率。

（1）相对比较法

采用四级评判，即：

1）"几乎是0"：这种风险事件可认为不会发生。

2）"很小的"：这种风险事件虽有可能发生，但现在没有发生并且将来发生的可能性也不大。

3）"中等的"：即这种风险事件偶尔会发生，并且能预期将来有时会发生。

4）"一定的"：即这种风险事件一直在有规律地发生，并且能够预期未来也是有规律地发生。在这种情况下，可以认为风险事件发生的概率较大。

在采用相对比较法时，建设工程风险导致的损失相应划分成重大损失、中等损失和轻度损失，从而在风险坐标上对建设工程风险定位，反映出风险量的大小。

也可将风险损失分为三级：重大损失；中等损失；轻度损失。

相对比较法是一种以主观概率为主的衡量方法。

（2）概率分布法

这是一种基于历史数据和客观资料统计分析出的概率。利用统计数据，通过（损失值和风险概率）直方图描述和曲线啮合，得到该项目的风险概率曲线。有了概率曲线，就可以方便地知道某种潜在损失出现的概率。

概率分布法是一种以客观概率为主的衡量方法。常见的表现形式是建立概率分布表。

为此，需参考外界资料和本企业历史资料。外界资料主要是保险公司、行业协会、统计部门等的资料。但是，这些资料通常反映的是平均数字，且综合了众多企业或众多建设工程的损失经历，因而在许多方面不一定与本企业或本建设工程的情况相吻合，运用时需做客观分析。本企业的历史资料虽然更有针对性，更能反映建设工程风险的个别性，但往往数量不够多，有时还缺乏连续性，不能满足概率分析的基本要求。另外，即使本企业历史资料的数量、连续性均满足要求，但其反映的也只是本企业的平均水平，在运用时还应当充分考虑资料的背景和拟建建设工程的特点。由此可见，概率分布表中的数字是因工程而异的。

4.风险评价

在风险衡量过程中，建设工程风险被量化为关于风险发生概率和损失严重性的函数，但在选择对策之前，还需要对建设工程风险量做出比较，以确定建设工程风险的相对严重性。

四、建设工程风险对策

1.风险回避

就是在考虑到某项目的风险及其所致损失都很大时，主动放弃或终止该项目，以避免与该项目相联系的风险及其所致损失的一种处置风险的方式。风险回避是一种最彻底的风险处置技术，在某些情况下，风险回避是最佳对策。

在采用风险回避对策时需要注意以下问题：

（1）回避一种风险可能产生另一种新的风险。在建设工程实施过程中，绝对没有风险的情况几乎不存在。就技术风险而言，即使是相当成熟的技术也存在一定的风险。

（2）回避风险的同时也失去了从风险中获益的可能性。由投机风险的特征可知，它具有损失和获益的两重性。

（3）回避风险可能不实际或不可能。建设工程的每一个活动几乎都存在大小不一的风险，过多地回避风险就等于不采取行动，而这可能是最大的风险所在。

风险回避是一种消极的风险处置方法，因为在回避风险的同时也放弃了实施项目可能带来的收益，如果处处回避，事事回避，其结果只能是停止发展，直至停止生存。

2. 风险控制

风险控制是一种主动、积极的风险对策。就是为了最大限度地降低风险事故发生的概率和减小损失幅度而采取的风险处置技术。

制定风险控制措施必须以风险定量评价的结果为依据，才能确保风险控制措施具有针对性，取得预期的控制效果。要特别注意间接损失和隐蔽损失。同时，还必须考虑其付出的代价，包括费用和时间两方面的代价，而时间方面的代价往往还会引起费用方面的代价。风险控制措施的最终确定，需要综合考虑风险控制措施的效果及其相应的代价。

风险控制一般应由预防计划、灾难计划和应急计划三部分组成。

（1）预防计划

预防计划的目的在于有针对性地预防损失的发生，其主要作用是降低损失发生的概率，在许多情况下也能在一定程度上降低损失的严重性。

（2）灾难计划

灾难计划是一组事先编制好的、目的明确的工作程序和具体措施，为现场人员提供明确的行动指南，使其在各种严重的、恶性的紧急事件发生后不至于惊慌失措，也不需要临时讨论研究应对措施，可以做到从容不迫、及时、妥善地处理，从而减少人员伤亡以及财产和经济损失。

（3）应急计划（灾后恢复建设计划）

应急计划是在风险损失基本确定后的处理计划，其宗旨是使因严重风险事件而中断的工程实施过程尽快全面恢复，并减少进一步的损失，使其影响程度减至最小。应急计划不仅要制订所要采取的相应措施，而且要规定不同工作部门相应的职责。

风险控制不仅能有效地减少项目由于风险事故所造成的损失，而且能使全社会的物质财富少受损失。因此，风险控制的方法是最积极、最有效的一种处置方式。

3. 风险自留

风险自留就是将风险留给自己承担，是从企业内部财务的角度应对风险。风险自留与其他风险对策的根本区别在于它不改变建设工程风险的客观性质，即既不改变工程风险的发生概率，也不改变工程风险潜在损失的严重性。

（1）风险自留的条件

计划性风险自留至少要符合以下条件之一才予以考虑：别无选择，有些风险既不能回避，又不能预防，且没有转移的可能性，这是一种无奈的选择；期望损失不严重，风险管理人员对期望损失的估计低于保险公司的估计，风险管理人员确信自己的估计正确；损失可准确预测；企业有短期内承受最大潜在损失的能力；投资机会很好（或机会成本很大）。如果市场投资前景很好，则保险费的机会成本就显得很大，不如采取风险自留，将保险费作为投资，以取得较多的投资回报。即使今后自留风险事件发生，也足以弥补其造成的损失。

（2）风险自留的类型

风险自留可分为计划性风险自留（主动）和非计划性风险（被动）自留两种类型。

1）计划性风险自留。计划性风险自留是主动的、有意识的、有计划的选择，是风险管理人员在经过正确的风险识别和风险评价后做出的风险对策决策，是整个建设工程风险对策计划的一个组成部分。主要体现在风险自留水平和损失支付方式两个方面。所谓风险自留水平，是指选择哪些风险事件作为风险自留的对象。确定风险自留水平可以从风险量数值大小的角度考虑，一般应选择风险量小或较小的风险事件作为风险自留的对象。计划性风险自留还应从费用、期望损失、机会成本、服务质量和税收等方面与工程保险比较后才能得出结论。

2）非计划性风险自留。由于风险管理人员没有意识到建设工程某些风险的存在，或者不曾有意识地采取有效措施，以致风险发生后只好由自己承担。这样的风险自留就是非计划性的和被动的。导致非计划性风险自留的主要原因是缺乏风险意识、风险识别失误、风险评价失误、风险决策延误、风险决策实施延误。

风险管理人员应当尽量减少风险识别和风险评价的失误，及时做出风险对策决策，并及时实施决策，从而避免被迫承担重大和较大的工程风险。总之，非计划性风险自留不可能不用，风险管理者应该力求避免或少用。

（3）损失支付方式

从现金净收入中支出，采用这种方式时，在财务上并不对风险做特别的安排，在损失发生后从现金净收入中支出，或将损失费用计入当期成本；建立非基金储备；自我保险，这种方式是设立一项专项基金（亦称为自我基金），专门用于自留风险所造成的损失，该基金的设立不是一次性的，而是每期支出，相当于定期支付保险费，因而称为自我保险；母公司保险，这种方式只适用于存在总公司与子公司关系的集团公司，往往是在难以投保或自保较为有利的情况下运用。

4. 风险转移

风险转移是建设工程风险管理中非常重要的、广泛应用的一项对策，分为非保险转移和保险转移两种形式。对损失大、概率小的风险，可通过保险或合同条款将责任转移，将损失的一部分或全部转移到有相互经济利益关系的另一方。风险转移有两种方式：

（1）非保险转移

非保险转移又称为合同转移，非保险风险转移方式主要有担保合同、租赁合同、委托合同、分包合同、无责任约定、合资经营、实行股份制。建设工程风险最常见的非保险转移有以下三种情况：

1）业主将合同责任和风险转移给对方当事人。在这种情况下，被转移者多数是承包商。例如，在合同条款中规定，业主对场地条件不承担责任；又如，采用固定总价合同将涨价风险转移给承包商。

2）承包商进行合同转让或工程分包。承包商中标承接某工程后，可能由于资源安排出现困难而将合同转让给其他承包商，以避免由于自己无力按合同规定时间建成工程而遭受违约罚款；或将该工程中专业技术要求很强而自己缺乏相应技术的工程内容分包给专业分包商，从而更好地保证施工进度和工程质量。

3）第三方担保。合同当事人的一方要求另一方为其履约行为提供第三方担保，担保方所承担的风险仅限于合同责任，即由于委托方不履行或不适当履行合同以及违约所产生的责任。第三方担保的主要表现是业主要求承包商提供履约保证和预付款保证。从国际承包市场的发展来看，20 世纪末出现了要求业主向承包商提供付款保证的新趋向，但尚未得到广泛应用。我国施工合同（示范文本）也有发包人和承包商互相提供履约担保的规定。

非保险转移的优点主要体现在：一是可以转移某些不能投保的潜在损失，如物价上涨、法规变化、设计变更等引起的投资增加；二是被转移者往往能较好地进行损失控制，如承包商相对于业主能更好地把握施工技术风险，专业分包商相对于总包商能更好地完成专业性强的工程内容。

（2）保险转移

保险转移通常称为工程保险，是一种建设工程风险的转嫁方式，即指通过购买保险的办法将风险转移给保险公司或保险机构。建设工程业主或承包商作为投保人将本应由自己承担的工程风险（包括第三方责任）转移给保险公司，从而使自己免受风险损失。免赔额的数额或比例要由投保人自己确定。工程保险并不能转移建设工程的所有风险，一方面是因为存在不可保风险（如不可抗力），另一方面则是因为有些风险不宜保险。通过转嫁方式处置风险，风险本身并没有减少，只是风险承担者发生了变化。因此，转移风险原则是让最有能力的承受者分担，否则就有可能给项目带来意外的损失。保险和担保是风险转移的最有效、也是最常用的方法，在建设工程风险管理中将积极推广。

第九节　建设工程监理的工作性质、任务和工作方法

一、建设工程监理的性质

1.建设工程监理的服务性

建设工程监理具有服务性，是由它所从事的业务活动的性质决定的。建设工程监理主要采用规划、控制、协调方法控制建设工程的投资、进度和质量，协助建设单位达到在计划的目标内将建设工程建成投入使用的目的。

工程监理企业既不直接进行设计和施工等建设活动，也不向建设单位承包造价，更不

参与承包商的利益分成。在工程建设中，监理单位是利用自己的知识、技能和经验、信息以及必要的试验、检测手段，为建设单位提供高智能的技术及管理服务，以实现建设目标。

工程监理活动不能完全取代建设单位的管理活动，它不具有工程建设重大问题的决策权，只能在授权范围内代表建设单位进行管理。

建设工程监理的服务对象是建设单位。监理服务是按照委托监理合同的规定，代表建设单位进行的，受有关法律的约束和保护。

2. 建设工程监理的科学性

科学性是由建设工程监理要完成的任务和实现的目标决定的。建设工程监理的任务是协助建设单位实现其投资目的，力求按照计划实现建成工程、投入使用的目标。面对日趋庞大的建设工程规模和日益复杂的建设环境，工程项目的功能、标准要求越来越高，新技术、新工艺、新材料、新设备不断涌现，参加建设工程监理的单位越来越多，市场竞争日益激烈，风险日渐增加，只有树立科学的理念，应用科学的理论、方法、手段和措施，才能驾驭工程建设，对工程实施有效的监理。

科学性主要表现在：工程监理单位要具有组织管理能力强、工程建设经验丰富的领导者；有足够数量的、有丰富管理经验和应变能力的监理工程师组成的骨干队伍；要有健全的、科学的管理制度；要掌握先进的管理理论和方法；要有现代化的管理手段；要积累足够的技术、经济资料和数据；要有科学的工作态度和严谨的工作作风，实事求是、创造性地开展工程监理工作。科学性也是监理企业赖以生存的基础。

3. 建设工程监理的独立性

工程监理的独立性，要求工程监理单位应当严格按照相关法律、法规、规章、工程建设文件、工程建设技术标准、建设工程委托监理合同、有关的建设工程合同等的规定实施监理；在委托监理的工程中，与工程监理单位、被监理工程的承包单位以及建筑材料、建筑构配件和设备供应单位不得有隶属关系或者其他利害关系；在开展工程监理的过程中，必须建立自己的监理组织机构，按照自己的工作计划、程序、流程、方法、手段，根据自己的判断，独立地开展工作。

4. 建设工程监理的公正性

公正性是全社会公认的道德行为准则，也是监理行业能够长期生存和发展的基本职业道德准则。在建设工程监理过程中，工程监理单位应当排除各种干扰，客观、公正地对待监理的委托单位和承建单位。特别是当双方发生利益冲突或者争议时，工程监理单位要以事实为依据，以法律和有关合同为准绳，在维护建设单位的合法权益时，不损害承建单位的合法权益。例如，在调解建设单位和承建单位之间的争议，处理工程索赔和工程延期，进行工程款支付控制以及竣工结算时，应当客观、公正地对待建设单位和承建单位，行使工程监理的职能。

二、建设工程监理的任务

我国工程监理的任务概括地说，就是接受建设单位的委托和授权，对其项目实施"三控制""三管理""一沟通一协调"。

"三控制"：投资控制、工程质量控制和建设工期控制。

"三管理"：合同管理、安全管理和风险管理。

"一沟通一协调"：信息沟通与组织协调。

建设工程监理应当依照法律，行政法规及有关的技术标准、设计文件和建筑工程承包合同，对承包单位在施工质量、建设工期和建设资金使用等方面，代表建设单位实施监督。

工程监理单位应当依照法律、法规以及有关技术标准、设计文件和建设工程承包合同，代表建设单位对施工质量实施监理，并对施工质量承担监理责任。

工程监理单位应当审查施工组织设计中的安全技术措施或者专项施工方案是否符合工程建设强制性标准。工程监理单位和监理工程师应当按照法律、法规和工程建设强制性标准实施监理，并对建设工程安全生产承担监理责任。

建设工程是一个极其复杂的事物，涉及的因素很多，要达成建设目标和实现监理工作目标，就必须处理好各方面的关系，做好信息交流、沟通工作和组织协调工作。因此，信息沟通和组织协调是工程监理的一项重要任务。

具体来讲，建设工程目标控制的主要任务是：通过收集类似的建设工程资料，协助建设单位制订建设工程投资目标规划、建设工程总进度计划、建设工程质量目标规划；招投标控制工作；控制投资的使用和工程进度计划的实施，控制施工工艺、施工方法和施工要素，保证工程质量，最终完成建设工程项目。

三、建设工程监理的工作方法和措施

为了实现有效控制，必须从多方面采取适当方法和措施实施控制。实现有效控制的方法主要是由目标规划、动态控制、组织协调、信息管理、合同管理构成的有机的方法体系。

1. 目标规划

目标规划是指围绕工程项目投资、进度和质量目标进行研究确定、分解综合、计划安排、制订措施等项工作的集合。目标规划是目标控制的基础和前提，只有做好目标规划工作才能有效地实施目标控制。工程项目目标规划过程是一个由粗而细的过程，它随着工程的进展，分阶段地根据可能获得的工程信息对前一阶段的规划进行细化、补充和修正，它和目标控制之间是一种交替出现的循环链式关系。具体可采用目标分解法、滚动计划法等。

2. 动态控制

动态控制是在完成工程项目过程中，通过对过程、目标和活动的动态跟踪，全面、及时、准确地掌握工程信息，定期地将实际目标值与计划目标值进行对比，如果发现或预测实际目标偏离计划目标，就采取措施加以纠正，以保证计划总目标的实现。动态控制贯穿于整个监理过程，与工程项目的动态性相一致。工程在不同的阶段进行，控制就要在不同的阶段开展；工程在不同的空间展开，控制就要针对不同的空间来实施；计划伴随着工程的变化而调整，控制就要不断地适应计划的调整；随着工程的内部因素和外部环境的变化，要不断地改变控制措施。监理工程只有把握工程项目的动态性，才能做好目标的动态控制工作。

3. 组织协调

协调就是连接、联合、调和所有的活动及力量。组织协调就是把监理组织作为一个整体来研究和处理，对所有的活动及力量进行连接、联合、调和的工作。在工程建设监理过程中，要不断进行组织协调，它是实现项目目标不可缺少的方法和手段。主要包括人际关系的协调、组织关系的协调、供求关系的协调、配合关系的协调和约束关系的协调等内容。

4. 信息管理

信息管理是指监理人员对所需要的信息进行收集、整理、处理、存储、传递、应用等一系列工作的总和。信息是控制的基础。没有信息监理就不能实施目标控制。在开展监理工作时要不断地预测或发现问题，要不断地进行规划、决策、执行和检查，而做好每一项工作都离不开相应的信息。为了获得全面、准确、及时的工程信息，需要组成专门机构，确定专门的人员从事这项工作。

5. 合同管理

监理单位在监理过程中的合同管理主要是根据监理合同的要求对工程建设合同的签订、履行、变更和解除进行监督、检查，对合同双方的争议进行调解和处理，以保证合同的全面履行。合同管理对于监理单位完成监理任务是必不可少的。工程合同对参与建设项目的各方建设行为起到控制作用，同时又具体指导工程如何操作完成。合同管理起着控制整个项目实施的作用。

6. 风险管理

风险管理就是贯穿在设计、采购、施工及竣工验收等各个阶段、各个环节中的风险识别、风险评估、风险管理策略、风险处理和风险监控等一系列管理活动。风险贯穿于工程的全过程，监理单位在监理过程中必须利用风险管理手段，主动"攻击"风险，不断识别、评估、处理和监控工程项目中的各种风险，进行有效的风险管理，避免和减少风险，使风险损失降到最低点，从而完成工程建设项目。

采取的措施通常包括组织措施、技术措施、经济措施和合同措施四个方面。

（1）组织措施

所谓组织措施是指从目标控制的组织管理方面采取的措施，如落实目标控制的组织机构和人员，明确目标控制的任务和职能分工，制订目标控制责任制、目标控制的工作流程等。

组织措施是其他各项措施的前提和保障。

（2）技术措施

所谓技术措施是指通过技术手段解决实现目标控制过程中出现的目标偏差问题，如投资、工期、质量难以实现目标要求，从改进施工方案、施工方法、施工工艺、施工材料等方面采取措施，以保证三大目标的实现。技术措施不仅是解决建设工程实施过程中遇到的技术问题所不可缺少的，而且对于纠正目标偏差有决定性作用。采取的任何措施都需要技术手段的支持，采取不同的技术方案，产生的控制结果是不同的，甚至是相反的。

因此，运用技术措施纠偏的关键，一是要能提出多个不同的技术方案，二是要对不同的技术方案进行技术经济分析，三是要避免仅仅从技术角度选定技术方案，而忽视对其经济效果的分析论证。

（3）经济措施

所谓经济措施是指采用经济方法保证目标控制的实现，如奖励与惩罚手段等。经济措施是最容易为人们接受和采用的措施。经济措施的采用需要从全局性、总体性上加以考虑，可以取得事半功倍的效果。另外，经济措施还具有挖掘潜能的功能。它可以调动人的主观能动性，在工程建设中进行创新，节约工程投资，缩短工期，提高工程质量。

（4）合同措施

所谓合同措施是指在目标控制中，利用合同实施控制。在工程项目建设过程中，一切工作都是以合同为依据进行的。投资控制、进度控制和质量控制均要以合同为依据。合同措施包括拟订合同条款，参加合同谈判，处理合同执行过程中产生的问题，防止和处理索赔，协助业主确定对目标控制有利的建设工程组织管理模式和合同结构，分析不同合同之间的相互联系和影响，对每一个合同进行总体和具体分析等。这些合同措施对目标控制具有全局性的影响，其作用很大。在采取合同措施时要特别注意合同中所规定的业主和监理单位的权利和义务。

第五章 建筑工程项目质量控制

随着国家经济的发展，建筑工程数量逐渐增多，在一定程度上满足了人们的需求。在质量理念备受重视的今天，人们逐渐加大了对建筑工程质量的关注，这就需要建筑工程施工企业认识到质量控制的重要性，基于此，本章便对建筑工程项目质量控制进行说明。

第一节 质量管理与质量控制

一、工程项目质量

1. 质量

质量，是指一组固有特性满足要求的程度。它是反映产品或服务满足明确或隐含需要能力的特征和特性，或者说是反映实体满足明确和隐含需要的能力的特性总和。

实体是指可单独描述和研究的事物，它几乎涵盖了质量管理和质量保证活动中所涉及的所有对象。所以实体可以是结果，也可以是过程，是包括了它们的形成过程和使用过程在内的一个整体。

在许多情况下，质量会随时间、环境的变化而改变，这就意味着要对质量要求进行定期评审。质量的明确需要是指在合同、标准、规范，图纸、技术文件中已经做出明确规定的要求；质量的隐含需要则应加以识别和确定，如人们对实体的期望，公认的、不言而喻的、不必做出规定的"需要"。

2. 工程项目质量

工程项目质量是一个广义的质量概念，它由工程实体质量和工作质量两部分组成。其中，工程实体质量代表的是狭义的质量概念。参照国际标准和我国现行的国家标准的定义，工程实体质量可描述为"实体满足明确或隐含需要能力的特性之和"。工程实体质量又可称为工程质量，与建设项目的构成相呼应，工程实体质量还通常可分为工序质量、分项工程质量、分部工程质量、单位工程质量和单项工程质量等各个不同的质量层次单元。就工程质量而言，其固有特性包括使用功能、寿命、适用性、安全性、可靠性、维修性、经济性、美观性和环境协调性等方面，这些特性满足要求的程度越高，质量就越好。

工作质量，是指为了保证和提高工程质量而从事的组织管理、生产技术、后勤保障等各方面工作的实际水平。工程建设过程中，按内容组成的不同可将工作质量分为社会工作质量和生产过程工作质量。其中，前者是指围绕质量课题而进行的社会调查、市场预测、质量回访等各项有关工作的质量；后者则是指生产工人的职业素质、职业道德教育工作质量、管理工作质量等。质量还可以具体分为决策、计划、勘察、设计、施工、回访保修等不同阶段的工作质量。

工程质量与工作质量二者的关系为：前者是后者的作用结果，后者是前者的必要保证。项目管理实践表明：工程质量的好坏是建筑工程产品形成过程中各阶段、各环节工作质量的综合反映，而不是依靠质量检验检查出来的。要保证工程质量就要求项目管理实施方的有关部门和人员对决定和影响工程质量的所有因素进行严格控制，即通过良好的工作质量来保证和提高工程质量。

综上所述，工程项目质量是指能够满足用户或社会需要，并由工程合同、有关技术标准、设计文件、施工规范等具体详细设定其适用、安全、经济、美观等特性要求的工程实体质量与工程建设各阶段、各环节工作质量的总和。

工程项目质量反映出建筑工程适合一定的用途，满足用户要求所具备的自然属性，其具体内涵包含以下三方面。

（1）工程项目实体质量，所包括的内容有工序质量、分项工程质量、分部工程质量和单项工程质量等，其中工序质量是创造工程项目实体质量的基础。

（2）功能和使用价值，从工程项目的功能和使用价值看，其质量体现在性能、寿命、可靠性、安全性和经济性五个方面。这些特性指标直接反映了工程项目的质量。

（3）工作质量，是建筑企业的经营管理工作、技术工作、组织工作和后勤工作等达到工程质量的保证程度，分为生产过程质量和社会工作质量两个方面。工作质量是工程质量的保证和基础，工程质量是企业各方面工作质量的综合反映。

应将工程质量与管理过程质量综合起来考虑，如果项目能够做到满足规范要求，达到项目目的、满足用户要求、让用户满意，那就不亏本。

二、质量管理

1.质量管理简介

质量管理是指在质量方面指挥和控制组织的协调活动。这些协调活动通常包括制订质量方针和质量目标以及质量策划、质量控制、质量保证和质量改进等活动。

（1）质量方针是指由组织的最高管理者正式发布的与该组织总的质量有关的宗旨和方向。它体现了该组织的质量意识和质量追求、施工组织内部的行为准则、顾客的期待和对顾客做出的承诺。质量方针与组织的总方针一致，并为制订质量目标提供框架。

（2）质量目标是指在质量方面所追求的标准。质量目标通常是依据组织的质量方针制订，并且通常对组织内相关的职能和层次分别规定质量目标。在作业层面，质量目标应是定量的。

（3）质量策划。质量策划是致力于制订质量目标并规定必要的运行过程和相关资料以实现质量目标的策划。

（4）质量保证。质量保证是致力于使质量要求得到满意的实现。可将质量保证措施看成预防疾病的手段，是用来提高获得高质量产品的步骤和管理流程。

（5）质量改进。质量改进是致力于增强满足质量要求的能力的循环活动。

2.质量管理体系

体系的含义是指由若干有关事物的相互联系、互相制约而构成的有机整体。质量管理是在质量方面指挥和控制组织的协调活动。

质量管理体系是在质量方面指挥和控制组织的管理体系。另外，它也是实施质量方针和质量目标的管理系统，其内容应以满足质量目标的需要为准；同时它也是一个有机整体，其组成部分是相互关联的，强调系统性和协调性。

质量管理体系把影响质量的技术、管理人员和资源等因素进行组合，在质量方针的指引下，为达到质量目标而发挥效能。

三、质量控制

质量控制是质量管理体系标准的一个质量管理术语。其属于质量管理的一部分，是致力于满足质量要求的一系列相关活动。

质量控制包括采取的作业技术和管理活动。作业技术是直接产生产品或服务质量的条件，但并不是具备相关作业的能力。在社会化大生产的条件下，还必须通过科学的管理，来组织和协调作业技术活动的过程，以充分发挥其质量形成能力，实现预期的质量目标。

四、质量控制与质量管理的关系

质量控制是质量管理的一部分，质量管理是指确立质量方针及实施质量方针的全部职能及工作内容，并对其工作效果进行评价和改进的一系列工作。因此，质量控制与质量管理的区别在于质量控制是在明确的质量目标条件下，通过行动方案和资源配置的计划、实施、检查和监督来实现预期目标的过程。

五、工程项目质量控制原理

1.三全控制原理

三全控制原理来自全面质量管理 TQC（ total quality control ）的思想，是指企业组织的质量管理应该做到全面、全过程和全员参与。在工程项目质量管理中应用这一原理，对工程项目的质量控制同样具有重要的理论和实践的指导意义。

（1）全面质量控制

工程项目质量的全面质量控制可以从纵、横两个方面来理解。从纵向的组织管理角度来看，质量总目标的实现有赖于项目组织的上层、中层、基层乃至一线员工的通力协作，其中高层管理能否全力支持与参与，起着决定性的作用。从项目各部门职能问的横向配合来看，要保证和提高工程项目质量必须使项目组织的所有质量控制活动构成一个有效的整体，即横向协调配合包括业主、勘察设计、施工及分包、材料设备供应、监理等相关方。"全面质量控制"就是要求项目各相关方都有明确的质量控制活动内容。当然，从纵向来看，各层次活动的侧重点不同，具体表现在：上层管理侧重于质量决策、制订出项目整体的质量方针、质量目标、质量政策和质量计划，并统一组织，协调各部门、各环节、各类人员的质量控制活动；中层管理则要贯彻落实领导层的质量决策，运用一定的方法找到各部门的关键、薄弱环节或必须解决的重要事项，确定本部门的目标和对策，更好地执行各自的质量控制职能；基层管理则要求每个员工都要严格地按标准、规范进行施工和生产，相互间进行分工合作。互相配合，开展群众合理化建议和质量管理小组活动，建立和健全项目的全面质量控制体系。

（2）全过程质量控制

任何产品或服务的质量，都有一个产生、形成和实现的过程。从全过程的角度来看，质量产生、形成和实现的整个过程是由多个相互联系、相互影响的环节组成的，每个环节都或轻或重地影响着最终的质量状况。为了保证和提高质量就必须把影响质量的所有环节和因素都控制起来。工程项目的全过程质量控制主要有项目策划与决策过程，勘察设计过程、施工采购过程、施工组织与准备过程、检测设备控制与计量过程、施工生产的检验试验过程、工程质量的评定过程、工程竣工验收与交付过程以及工程回访维修过程等。全过程质量控制必须体现如下两个思想。

1）预防为主、不断改进的思想

强调质量控制应坚持"预防为主"的原则。根据这一基本原理，全面质量控制要求把管理工作的重点，从"事后把关"转移到"事前预防"上来，强调预防为主，不断改进的思想。

2）为顾客服务的思想

顾客有内部和外部之分：外部的顾客可以是项目的使用者，也可以是项目的开发商；内部的顾客是项目组织的部门和人员。实行全过程质量控制要求项目所有的利益相关者都必须树立为顾客服务的思想。内部顾客满意是外部顾客满意的基础。因此，在项目组织内部要树立"下道工序是顾客""努力为下道工序服务"的思想。使全过程质量控制一环扣一环，贯穿于项目的全过程。

（3）全员参与的质量控制

全员参与的质量控制是指工程项目各方面、各部门、各环节工作质量的综合反映。其中任何一个环节、任何一个人的工作质量都会不同程度地直接或间接地影响着工程项目的形成质量或服务质量。因此，全员参与的质量控制，才能实现工程项目的质量控制目标，形成顾客满意的产品。其主要的工作包括以下几点。

1）必须抓好全员的质量教育和培训。

2）应制订各部门、各级各类人员的质量责任制，明确任务和职权，各司其职，密切配合，以形成一个高效、协调、严密的质量管理工作的系统。

3）应开展多种形式的群众性质量管理活动，充分发挥广大职工的聪明才智和当家做主的进取精神，采取多种形式激发全员参与的积极性。

2.PDCA 循环的原理

工程项目的质量控制是一个持续的过程，具体流程为：在提出项目质量目标的基础上，制订质量控制计划，包括实现该计划需采取的措施；实施计划，特别应在组织上进行落实，真正将工程项目质量控制的计划措施落到实处；在实施过程中，还应经常检查、监测，以评价检查结果与计划是否一致；对出现的工程质量问题进行处理，对暂时无法处理的质量问题重新进行分析，进一步采取措施来解决。这一过程的原理就是 PDCA 循环。

PDCA 循环又称为戴明环，是美国质量管理专家戴明博士提出的。PDCA 循环是工程项目质量管理应遵循的科学程序。其质量管理活动的全部过程，就是质量计划的制订和组织实现的过程，这个过程按照 PDCA 循环周而复始地运转着。

PDCA 由英语单词 plan（计划）、do（实施、执行）、check（检查）和 action（处置、处理）的首字母组成，PDCA 循环就是按照这样的顺序进行质量管理，并且循环不止地进行下去的一种科学程序。工程项目质量管理活动的运转，离不开 PDCA 循环的转动，这就是说，改进与解决质量问题，赶超先进水平的各项工作，都要运用 PDCA 循环。

在实施 PDCA 循环时，不论是提高工程施工质量，还是降低不合格率，都要先提出目标，即质量提高到什么程度，不合格率降低多少，故应先制订计划，这个计划不仅包括目标，而且也包括实现这个目标所需要采取的措施。计划制订好之后，就要按照计划实施及检查，看看是否实现了预期效果，有没有达到预期的目标。通过检查找出问题和原因，最后就是要进行处置活动，将经验和教训制订成标准、形成制度。同时，工程项目的质量控制应重点做好施工准备、施工、验收、服务全过程的质量监督，抓好全过程的质量控制，确保工程质量目标达到预定的要求，其具体措施如下。

（1）分解质量目标。工程项目方将质量目标逐层分解到分部工程、分项工程，并落实到部门、班组和个人。应以指标控制为目的，以要素控制为手段，以体系活动为基础，从而保证在组织上全面落实，实现质量目标的分解。

（2）实行质量责任制。在质量责任制中，项目经理是工程施工质量的第一责任人，各工程队长是本队施工质量的第一责任人，质量保证工程师和责任工程师是各专业质量责任人，各部门负责人应按照职责分工，认真履行质量责任。

（3）每周组织一次质量大检查，一切用数据说话，实施质量奖惩，激励施工人员，保证施工质量的自觉性和责任心。

（4）每周召开一次质量分析会，通过各部门、各单位反馈输入各种不合格信息，采取纠正和预防措施，排除质量隐患。

（5）加大质量权威，质检部门及质检人员，根据公司质量管理制度可以行使质量否决权。

（6）施工全过程中执行业主和有关工程质量管理及质量监督的各种制度和规定，对各部门检查发现的任何质量问题应及时制订整改措施，进行整改，达到合格为止。

3. 工程项目质量控制的三阶段原理

工程项目的质量控制，是一个持续的管理过程。从项目的立项到竣工验收，属于项目建设阶段的质量控制；从项目投产后到项目生产周期结束，属于项目生产（或经营）阶段的质量控制。二者在质量控制内容上有较大的不同，但不管是建设阶段的质量控制，还是经营阶段的质量控制，从控制工作的开展与控制对象实施的时间关系来看，均可分为事前控制、事中控制和事后控制三种类型。

（1）事前控制

事前控制强调质量目标的计划预控，并按照质量计划进行质量活动前的准备工作状态的控制。在工程施工过程中，事前控制的重点在于施工准备工作，且施工准备工作贯穿于施工的全过程，施工准备工作主要包括以下几方面：熟悉和审查工程项目的施工图纸，做好项目建设地点的自然条件、技术经济条件的调查分析，完成项目施工图预算、施工预算和项目的组织设计等技术准备工作；做好器材、施工机具、生产设备的物质准备工作；组建项目组织机构以及核查进场人员的技术资质和施工单位的质量管理体系；编制季节性施工技术组织措施，制定施工现场管理制度，组织施工现场准备方案等。

可以看出，事前控制的内涵包括两个方面：一是注重质量目标的计划预控；二是按质量计划进行质量活动前的准备工作状态的控制。

（2）事中控制

事中控制是指对质量活动的行为进行约束，对质量进行监控，实际上属于一种实时控制。在项目建设的施工过程中，事中控制的重点在工序质量监控上。其他如施工作业的质量监督、设计变更、隐蔽工程的验收和材料检验等都属于事中控制。

概括来说，事中控制是对质量活动主体、质量活动过程和结果所进行的自我约束和监督检查两方面的控制。其关键是增强质量意识，发挥行为主体的自我约束控制能力。

（3）事后控制

事后控制一般是指在输出阶段的质量控制。事后控制也称为合格控制，包括对质量活动结果的评价认定和对质量偏差的纠正。例如，工程项目竣工验收进行的质量控制，即属于工程项目质量的事后控制。项目生产阶段的产品质量检验也属于产品质量的事后控制。

第二节　建筑工程项目质量的形成过程和影响因素

建筑工程项目从本质上来说是一项拟建或在建的建筑产品，它与一般产品具有相同的质量内涵，即一组固有特性满足需要的程度。这些特性是指产品的适用性、可靠性、安全性、经济性以及环境的适宜性等。由于建筑产品一般是采用单件性筹划、设计和施工的生产组织方式，因此，其具体的质量特性指标是在各建设工程项目的策划、决策和设计过程中进行定义的。在工程管理实践和理论研究中，常把建设工程项目质量的基本特性概括为：反映使用功能的质量特性；反映安全可靠的质量特性；反映艺术文化的质量特性；反映建筑环境的质量特性。

一、建筑工程项目质量的形成过程

建筑工程项目质量的形成过程，贯穿于整个工程项目的决策过程和各个工程项目的设计与施工过程之中，体现了建筑工程项目质量从目标决策、目标细化到目标实现的过程。

质量需求的识别过程：项目决策阶段的质量职能在于识别建设意图和需求，为整个建设项目的质量总目标，以及工程项目内各建设工程项目的质量目标提出明确要求。

质量目标的定义过程：一方面是在工程设计阶段，工程项目设计的任务是将工程项目的质量目标具体化；另一方面，承包商根据业主的创优要求及具体情况来确定工程的总体质量目标。

质量目标的实现过程：工程项目质量目标实现的最重要和最关键的过程是在施工阶段，包括施工准备过程和施工作业技术活动过程，其任务是按照质量策划的要求，制定企业或工程项目内控标准，实施目标管理、过程监控、阶段考核、持续改进的方法，严格按图纸施工。正确合理地配备施工生产要素，把特定的劳动对象转化为符合质量标准的建设工程产品。

二、建筑工程项目质量的影响因素

建筑工程项目质量的影响因素，主要是指在建筑工程项目质量目标策划、决策和实现过程中的各种客观因素和主观因素，包括人的因素、技术因素、管理因素、环境因素和社会因素等。

1. 人的因素

人的因素对建筑工程项目质量形成的影响，包括两个方面的含义：一是指直接承担建筑工程项目质量职能的决策者。管理者和作业者个人的质量意识及质量活动能力；二是指承担建筑工程项目策划、决策或实施的建设单位、勘察设计单位、咨询服务机构、工程承包企业等实体组织。前者的"人"是指一个个体，后者的"人"是指一个群体。我国实行建筑业企业经营资质管理制度、市场准入制度、执业资格注册制度，作业及管理人员持证上岗制度等，从本质上来说，都是对从事建设工程活动的人的必要的控制。此外，按资质等级承包工程任务，不得越级，不得挂靠，不得转包，严禁无证设计、无证施工等，从根本上说也是为了防止因人的资质或资格失控而导致质量能力的失控。

2. 技术因素

影响建筑工程项目质量的技术因素涉及的内容十分广泛，包括直接的工程技术和辅助的生产技术，前者如工程勘察技术、设计技术、施工技术、材料技术等，后者如工程检测检验技术、试验技术等。建设工程技术的先进性程度，从总体上说是取决于国家一定时期的经济发展和科技水平，取决于建筑业及相关行业的技术进步。对于具体的建设工程项目，主要是通过技术工作的组织与管理，优化技术方案，发挥技术因素对建筑工程项目质量的保证作用。

3. 管理因素

影响建筑工程项目质量的管理因素，主要是决策因素和组织因素，其中，决策因素首先是业主方的建筑工程项目决策，其次是建筑工程项目实施过程中，实施主体的各项技术决策和管理决策。实践证明，没有经过资源论证，市场需求预测，而盲目建设、重复建设，建成后不能投入生产或使用，所形成的合格而无用途的建筑产品，从根本上来说是对社会资源的极大浪费，不具备质量的适用性特征。同样盲目追求高标准，缺乏质量经济性考虑的决策，也将对工程质量的形成产生不利的影响。

4. 环境因素

一个建设项目的决策、立项和实施，受到经济、政治、社会、技术等多方面因素的影响，是建设项目可行性研究、风险识别与管理所必须考虑的环境因素。对于建筑工程项目质量控制而言，无论该建筑工程项目是某建筑项目的一个子项工程，还是本身就是一个独立的建筑项目，作为直接影响建筑工程项目质量的环境因素，一般是指：建筑工程项目所在地点的水文、地质和气象等自然环境；施工现场的通风、照明、安全卫生防护设施等劳动作业环境；由多单位、多专业交叉协同施工的管理关系、组织协调方式、质量控制系统等构成的管理环境。对这些环境条件的认识与把握，是保证建筑工程项目质量的重要工作环节。

5. 社会因素

影响建筑工程项目质量的社会因素，表现在以下几个方面：建筑工程项目法人或业主的理性化以及建筑工程经营者的经营理念；建筑市场包括建筑工程交易市场和建筑生产要素市场的发育程度及交易行为的规范程度；政府的工程质量监督及行业管理成熟度；建筑咨询服务业的发展及其服务水准的提高等。

人、技术、管理和环境因素，对于建筑工程项目而言是可控因素。社会因素存在于建筑工程项目系统之外，一般情况下对于建筑工程项目管理者而言，属于不可控因素，但可以通过自身的努力，尽可能做到趋利避害。

第三节　建筑工程项目质量控制系统

一、建筑工程项目质量控制系统的构成

建筑工程项目质量控制系统，在实践中可能有多种名称，没有统一规定。常见的名称有"质量管理体系""质量控制体系""质量管理系统""质量控制网络""质量管理网络""质量保证系统"等。

1. 建筑工程项目质量控制系统的性质

建筑工程项目质量控制系统既不是建设单位的质量管理体系或质量保证体系，也不是工程承包企业的质量管理体系或质量保证体系。而是建筑工程项目目标控制的一个工作系统，具有下列性质。

（1）建筑工程项目质量控制系统是以建筑工程项目为对象，由工程项目实施的总组织者负责建立的面向对象开展质量控制的工作体系。

（2）建筑工程项目质量控制系统是建筑工程项目管理组织的一个目标控制体系，它与项目投资控制、进度控制、职业健康安全与环境管理等目标控制体系，共同依托于同一项目管理的组织机构。

（3）建筑工程项目质量控制系统根据建筑工程项目管理的实际需要而建立，随着建筑工程项目的完成和项目管理组织的解体而消失，因此，是一个一次性的质量控制工作体系，不同于企业的质量管理体系。

2. 建筑工程项目质量控制系统的范围

建筑工程项目质量控制系统的范围，包括：按项目范围管理的要求，列入系统控制的建筑工程项目构成范围；建筑工程项目实施的任务范围，即由建筑工程项目实施的全过程或若干阶段进行定义；建筑工程项目质量控制所涉及的责任主体范围。

（1）系统涉及的工程项目范围

系统涉及的工程项目范围，一般根据项目的定义或工程承包合同来确定。具体来说可能有以下三种情况：工程项目范围内的全部工程；工程项目范围内的某一单项工程或标段工程；工程项目某单项工程范围内的一个单位工程。

（2）系统涉及的任务范围

工程项目质量控制系统服务于工程项目管理的目标控制，因此，其质量控制的系统职能应贯穿项目的勘察、设计、采购、施工和竣工验收等各个实施环节，即工程项目全过程质量控制的任务或若干阶段承包的质量控制任务。工程项目质量控制系统所涉及的质量责任自控主体和质量监控主体，通常情况下包括建设单位、设计单位、工程总承包企业、施

工企业、建设工程监理机构、材料设备供应厂商等。这些质量责任和控制主体，在质量控制系统中的地位与作用不同。承担建设工程项目设计、施工或材料设备供货的单位，负有直接的产品质量责任，属质量控制系统中的自控主体。在工程项目实施过程，对各质量责任主体的质量活动行为和活动结果实施监督控制的组织，称质量监控主体，如业主、工程项目监理机构等。

3. 建筑工程项目质量控制系统的结构

建筑工程项目质量控制系统，一般情况下为多层次、多单元的结构形态，这是由其实施任务的委托方式和合同结构所决定的。

（1）多层次结构

多层次结构是相对于建筑工程项目工程系统纵向垂直分解的单项，单位工程项目质量控制子系统。在大中型建筑工程项目，尤其是群体工程的建筑工程项目中，第一层面的工程项目质量控制系统应由建设单位的建筑工程项目管理机构负责建立，在委托代建。委托项目管理或实行交钥匙式工程项目总承包的情况下，应由相应的代建方工程项目管理机构，受托工程项目管理机构或工程总承包企业项目管理机构负责建立；第二层面的建筑工程项目质量控制系统，通常是指由建筑工程项目的设计总负责单位，施工总承包单位等建立的相应管理范围内的质量控制系统；第三层面及其以下是承担工程设计、施工安装、材料设备供应等各承包单位现场的质量自控系统，或称各自的施工质量保证体系。系统纵向层次机构的合理性是建筑工程项目质量目标、控制责任和措施分解落实的重要保证。

（2）多单元结构

多单元结构是指在建筑工程项目质量控制总体系统下，第二层面的质量控制系统及其以下的质量自控或保证体系可能有多个。这是建筑工程项目质量目标责任和措施分解的必然结果。

4. 建筑工程项目质量控制系统的特点

如前所述，建筑工程项目质量控制系统是面向对象而建立的质量控制工作体系，它和建筑企业或其他组织机构的质量管理体系有如下不同点。

（1）建立的目的不同

建筑工程项目质量控制系统只用于特定的建筑工程项目质量控制，而不是用于建筑企业或组织的质量管理，即建立的目的不同。

（2）服务的范围不同

建筑工程项目质量控制系统涉及建筑工程项目实施过程所有的质量责任主体，而不只是某一个承包企业或组织机构，即服务的范围不同。

（3）控制的目标不同

建筑工程项目质量控制系统的控制目标是建筑工程项目的质量标准，并非某一具体建筑企业或组织的质量管理目标，即控制的目标不同。

（4）作用的时效不同

建筑工程项目质量控制系统与建筑工程项目管理组织系统相融合，是一次性的质量工作系统，并非永久性的质量管理体系，即作用的时效不同。

（5）评价的方式不同

建筑工程项目质量控制系统的有效性一般由建筑工程项目管理，由组织者进行自我评价与诊断，不需进行第三方认证，即评价的方式不同。

二、建筑工程项目质量控制系统的建立

建筑工程项目质量控制系统的建立，实际上就是建筑工程项目质量总目标的确定和分解过程，也是建筑工程项目各参与方之间质量管理关系和控制责任的确立过程。为了保证质量控制系统的科学性和有效性，必须明确系统建立的原则、内容、程序和主体。

1. 建立的原则

实践经验表明，建筑工程项目质量控制系统的建立，应遵循以下原则。这些原则对质量目标的总体规划、分解和有效实施控制有着非常重要的作用。

（1）分层次规划的原则

建筑工程项目质量控制系统的分层次规划，是指建筑工程项目管理的总组织者（即建设单位或项目代建企业）和承担项目实施任务的各参与单位，分别进行建筑工程项目质量控制系统不同层次和范围的规划。

（2）总目标分解的原则

建筑工程项目质量控制系统的总目标分解，是根据控制系统内建筑工程项目的分解结构，将建筑工程项目的建设标准和质量总体目标分解到各个责任主体，明示于合同条件，由各责任主体制订相应的质量计划，确定其具体的控制方式和控制措施。

（3）质量责任制的原则

建筑工程项目质量控制系统的建立，应按照有关工程质量责任的规定，界定各方的质量责任范围和控制要求。

（4）系统有效性的原则

建筑工程项目质量控制系统，应从实际出发，结合项目特点、合同结构和项目管理组织系统的构成情况，建立项目各参与方共同遵循的质量管理制度和控制措施，形成有效的运行机制。

2. 建立的程序

建筑工程项目质量控制系统的建立过程，一般可按以下环节依次展开工作。

（1）确立质量控制网络系统

首先明确系统各层面的建筑工程项目质量控制负责人，一般应包括承担建筑工程项目实施任务的项目经理（或工程负责人）、总工程师，项目监理机构的总监理工程师、专业

监理工程师等。以形成明确的建筑工程项目质量控制责任者的关系网络架构。

（2）制定质量控制制度系统

建筑工程项目质量控制制度包括质量控制例会制度、协调制度报告审批制度、质量验收制度和质量信息管理制度等。这些应做成建筑工程项目质量控制制度系统的管理文件或手册，作为承担建筑工程项目实施任务的各方主体共同遵循的管理依据。

（3）分析质量控制界面系统

建筑工程项目质量控制系统的质量责任界面，包括静态界面和动态界面。静态界面根据法律法规、合同条件、组织内部职能分工来确定。动态界面是指项目实施过程中设计单位之间、施工单位之间、设计与施工单位之间的衔接配合及其责任划分，这必须通过分析研究，确定管理原则与协调方式。

（4）编制质量控制计划系统

建筑工程项目管理总组织者，负责主持编制建筑工程项目总质量计划，并根据质量控制系统的要求，部署各质量责任主体编制与其承担任务范围相符的质量控制计划，并按规定程序完成质量计划的审批，作为其实施自身工程质量控制的依据。

3. 建立的主体

按照建筑工程项目质量控制系统的性质、范围和主体的构成，一般情况下其质量控制系统应由建设单位或建筑工程项目总承包企业的建筑工程项目管理机构负责建立。在分阶段依次对勘察、设计、施工、安装等任务进行分别招标发包的情况下，通常应由建设单位或其委托的建筑工程项目管理企业负责建立建筑工程质量控制系统，各承包企业根据建筑工程项目质量控制系统的要求，建立隶属于建筑工程项目质量控制系统的设计项目、工程项目、采购供应项目等质量控制子系统，以具体实施其质量责任范围内的质量管理和目标控制。

三、建筑工程项目质量控制系统的运行

建筑工程项目质量控制系统的建立，为建筑工程项目的质量控制提供了组织制度方面的保证。建筑工程项目质量控制系统的运行，实质上就是系统功能的发挥过程，也是质量活动职能和效果的控制过程。然而，建筑工程项目质量控制系统要能有效地运行，还依赖于系统内部的运行环境和运行机制的完善。

1. 运行环境

建筑工程项目质量控制系统的运行环境，主要是以下述几个方面为系统运行提供支持的管理关系、组织制度和资源配置的条件。

（1）工程合同的结构

工程合同是联系建筑工程项目各参与方的纽带，只有在建筑工程项目合同结构合理、质量标准和责任条款明确，并严格进行履约管理的条件下，建筑工程项目质量控制系统的运行才能成为各方的自觉行动。

（2）质量管理的资源配置

质量管理的资源配置包括：专职的工程技术人员和质量管理人员的配置；实施技术管理和质量管理所必需的设备、设施、器具、软件等物质资源的配置。人员和资源的合理配置是建筑工程项目质量控制系统得以运行的基础条件。

（3）质量管理的组织制度

建筑工程项目质量控制系统内部的各项管理制度和程序性文件的建立，为建筑工程项目质量控制系统各个环节的运行，提供了必要的行动指南、行为准则和评价基准的依据，是系统有序运行的基本保证。

2. 运行机制

建筑工程项目质量控制系统的运行机制，是由一系列质量管理制度安排所形成的内在能力。运行机制是建筑工程项目质量控制系统的生命，机制缺陷是造成系统运行无序、失效和失控的重要原因。因此，在设计系统内部的管理制度时，必须予以高度的重视，防止重要管理制度的缺失、制度本身的缺陷、制度之间的矛盾等现象的出现，才能为系统的运行注入动力机制、约束机制、反馈机制和持续改进机制。

（1）动力机制

动力机制是建筑工程项目质量控制系统运行的核心机制，它来源于公正、公开、公平的竞争机制和利益机制的制度设计或安排。这是因为建筑工程项目的实施过程是由多主体参与的价值增值链，只有保持合理的供方及分供方等各方关系，才能形成合力，这是建筑工程项目成功的重要保证。

（2）约束机制

没有约束机制的控制系统是无法使建筑工程项目质量处于受控状态的，约束机制取决于各主体内部的自我约束能力和外部的监控效力。约束能力表现为组织及个人的经营理念、质量意识、职业道德及技术能力的发挥；监控效力取决于建筑工程项目实施主体外部对质量工作的推动、检查和监督。二者相辅相成，构成了建筑工程项目质量控制过程的制衡关系。

（3）反馈机制

运行状态和结果的信息反馈是对建筑工程项目质量控制系统的能力和运行效果进行评价，并及时做出处置和提供决策的依据。因此，必须有相关的制度安排，保证质量信息反馈的及时和准确，保持质量管理者深入第一生产线，掌握第一手资料，才能形成有效的质量信息反馈机制。

（4）持续改进机制

在工程项目实施的各个阶段、不同的层面、不同的范围和不同的主体之间，应使用PDCA循环原理，即计划、实施、检查和处置的方式展开建筑工程项目质量控制，同时必须注重抓好控制点的设置，加强重点控制和例外控制，并不断寻求改进机会，研究改进措施。这样才能保证建筑工程项目质量控制系统的不断完善和持续改进，不断提高建筑工程项目质量控制能力和控制水平。

第四节　建筑工程项目施工的质量控制

一、建筑工程项目施工阶段的质量控制目标

建筑工程项目施工阶段是根据建筑工程项目设计文件和施工图纸的要求，通过施工形成工程实体的阶段，所制订的施工质量计划及相应的质量控制措施，都是在这一阶段形成实体的质量或实现质量控制的结果。因此，建筑工程项目施工阶段的质量控制是建筑工程项目质量控制的最后形成阶段，因而对保证建筑工程项目的最终质量具有重大意义。

1. 建筑工程项目施工的质量控制内容划分

建筑工程项目施工的质量控制从不同的角度来描述，可以划分为不同的类型。企业可根据自己的侧重点不同采用适合自己的划分方法，主要有以下四种划分方法。

（1）按建筑工程项目施工质量管理主体的不同划分为：建设方的质量控制、施工方的质量控制和监理方的质量控制等。

（2）按建筑工程项目施工阶段的不同划分为：施工准备阶段质量控制、施工阶段质量控制和竣工验收阶段质量控制等。

（3）按建筑工程项目施工的分部工程划分为：地基与基础工程的质量控制、主体结构工程的质量控制、屋面工程的质量控制、安装（含给水、排水、采暖、电气、智能建筑通风与空调、电梯等）工程的质量控制和装饰装修工程的质量控制等。

（4）按建筑工程项目施工要素划分为：材料因素的质量控制、人员因素的质量控制、设备因素的质量控制、方案因素的质量控制和环境因素的质量控制等。

2. 建筑工程项目施工的质量控制目标

建筑工程项目施工阶段的质量控制目标可分为施工质量控制总目标、建设单位的质量控制目标、设计单位施工阶段的质量控制目标、施工单位的质量控制目标，监理单位的施工质量控制目标等。

（1）施工质量控制总目标

施工质量控制总目标是对建筑工程项目施工阶段的总体质量要求，也是建筑工程项目各参与方一致的责任和目标，使建筑工程项目满足有关的质量法规和标准，正确配置施工生产要素，采用科学管理的方法，实现建筑工程项目预期的使用功能和质量标准。

（2）建设单位的施工质量控制目标

建设单位的施工质量控制目标是通过对施工阶段全过程的全面质量监督管理、协调和

决策，保证竣工验收项目达到投资决策时所确定的质量标准。

（3）设计单位施工阶段的质量控制目标

设计单位施工阶段的质量控制目标是通过对施工质量的验收签证，设计变更控制及纠正施工中所发现的设计问题，采纳变更设计的合理化建议等，保证验收竣工项目的各项施工结果与最终设计文件所规定的标准一致。

（4）施工单位的质量控制目标

施工单位的质量控制目标是通过施工全过程的全面质量自控，保证交付满足施工合同及设计文件所规定的质量标准，包括工程质量创优标准。

（5）监理单位的施工质量控制

监理单位在施工阶段的质量控制目标，是通过审核施工质量文件、报告报表及现场旁站检查、平行检测、施工指令和结算支付控制等手段，监控施工承包单位的质量活动行为，协调施工关系，正确履行建筑工程项目质量的监督责任，以保证建筑工程项目质量达到施工合同和设计文件所规定的质量标准。

3. 建筑工程项目施工质量持续改进的理念

组织为了改进其整体业绩，应不断改进产品质量，提高质量管理体系及过程的有效性和效率。对建筑工程项目来说，由于其属于一次性活动，面临的经济、环境条件在不断地变化，技术水平也在日益提高，因此建筑工程项目的质量要求也需要持续提高，而持续改进是永无止境的。

在建筑工程项目施工阶段，质量控制的持续改进必须是主动、有计划和系统地进行质量改进的活动，要做到积极、主动。首先需要树立建筑工程项目施工质量持续改进的理念，才能在行动中把持续改进变成自觉的行为；其次要有永恒的决心，坚持不懈；最后要关注改进的结果，持续改进应保证的是更有效、更完善的结果，改进的结果还应能在建筑工程项目的下一个工程质量循环活动中得到应用。概括来说，建筑工程项目施工质量持续改进的理念包括了渐进过程、主动过程、系统过程和有效过程等四个过程。

二、建筑工程项目施工质量计划的编制方法

1. 建筑工程项目施工质量计划概述

建筑工程项目施工质量计划是指施工企业根据有关质量管理标准，针对特定的建筑工程项目编制的建筑工程项目质量控制方法、手段、组织以及相关实施程序。对已实施《质量管理体系要求》的企业，质量计划是质量管理体系文件的组成内容。建筑工程项目施工质量计划一般由项目经理（或项目负责人）主持，负责质量、技术、工艺和采购的相关人员参与制订。在总承包的情况下，分包企业的建筑工程项目施工质量计划是总包建筑工程项目施工质量计划的组成部分，总包企业有责任对分包建筑工程项目施工质量计划的编制进行指导和审核，并要承担建筑工程项目施工质量的连带责任。建筑工程项目施工质量计

划编制完毕，应经企业技术领导审核批准，并按建筑工程项目施工承包合同的约定，提交工程监理或建设单位批准确认后执行。

根据建筑工程项目施工的特点，现今我国建筑工程项目施工的质量计划常以施工组织设计或工程项目管理规划的文件形式进行编制。

2. 编制建筑工程项目施工质量计划的目的和作用

建筑工程项目施工质量计划编制的目的是加强施工过程中的质量管理和程序管理。通过规范员工的行为，使其严格操作，规范施工，达到提高工程质量、实现项目目标的目的。

建筑工程项目施工质量计划的作用是为质量控制提供依据，使建筑工程项目的特殊质量要求能通过采取有效措施得到满足；在合同环境下，建筑工程项目施工质量计划是企业向顾客表明质量管理方针、目标及其具体实现的方法、手段和措施，体现企业对质量责任的承诺和实施的具体步骤。

3. 建筑工程项目施工质量计划的内容

（1）工程特点及施工条件分析

熟悉建筑工程项目所属的行业特点和特殊质量要求，详细领会工程合同文件提出的全部质量条款，了解相关的法律法规对本工程项目质量的具体影响和要求，还要详细分析施工现场的作业条件，以便制订出合理、可行的建筑工程项目施工质量计划。

（2）工程质量目标

工程质量目标包括工程质量总目标及分解目标。制订的目标要具体，具有可操作性，对于定性指标，需同时确定衡量的标准和方法。例如，要确定建筑工程项目预期达到的质量等级（如合格、优良或省、市、部优质工程等），则要求在建筑工程项目交付使用时，质量达到合同范围内的全部工程的所有使用功能符合设计（或更改）图纸的要求，检验批分项、分部和单位工程质量达到建筑工程项目施工质量验收的统一标准，合格率100%等。

（3）组织与人员

在建筑工程项目施工组织设计中，确定质量管理组织机构、人员及资源配管计划，明确各组织、部门人员在建筑工程项目施工不同阶段的质量管理职责和职权，确定质量责任人和相应的质量控制权限。

（4）施工方案

根据建筑工程项目质量控制总目标的要求，制订具体的施工技术方案和施工程序，包括实施步骤、施工方法、作业文件和技术措施等。

（5）采购质量控制

采购质量控制包括材料、设备的质量管理及控制措施，涉及对供应方质量控制的要求。可以制订具体的采购质量标准或指标、参数和控制方法等。

（6）监督检测

施工质量计划中应制订工程检测的项目计划与方法，包括检测、检验、验证和试验程序文件以及相关的质量要求和标准。

4. 建筑工程项目施工质量计划的实施与验证

（1）实施要求

建筑工程项目施工质量计划的实施范围主要包括项目施工阶段的全过程，重点是对工序、分项工程、分部工程及单位工程全过程的质量控制。各级质量管理人员应按建筑工程项目质量计划确定的质量责任分工，对各环节进行严格的控制，并按建筑工程项目施工质量计划要求，保存好质量记录、质量审核、质量处理单、相关表格等原始记录。

（2）验证要求

建筑工程项目质量责任人应定期组织具有相应资格或经验的质量检查人员、内部质量审核员等对建筑工程项目施工质量计划的实施效果进行验证，对项目质量控制中存在的问题或隐患，特别是质量计划本身、管理制度、监督机制等环节的问题，应及时提出解决措施，并进行纠正。建筑工程项目质量问题严重时应追究责任，给予处罚。

三、建筑工程项目施工生产要素的质量控制

影响建筑工程项目质量控制的因素主要包括劳动主体 / 人员（man）、劳动对象 / 材料（material）、劳动手段 / 机械设备（machine）、劳动方法 / 施工方法（method）和施工环境（environment）等五大生产要素。在建筑工程项目施工过程中，应事前对这五个方面严加控制。

1. 劳动主体 / 人员

人是指施工活动的组织者、领导者及直接参与施工作业活动的具体操作人员。人员因素的控制就是对上述人员的各种行为进行控制。人员因素的控制方法如下。

（1）充分调动人员的积极性，发挥人的主导作用

人作为控制的对象，应避免人在工作中的失误；人作为控制的动力，应充分调动人的积极性，发挥人的主导作用。

（2）提高人的工作质量

人的工作质量是建筑工程项目质量的一个重要组成部分，只有首先提高工作质量，才能确保工程质量。提高工作质量的关键在于控制人的素质。人的素质包括思想觉悟、技术水平、文化修养、心理行为、质量意识、身体条件等方面。要提高人的素质就要加强思想政治教育、劳动纪律教育、职业道德教育、专业技术培训等。

（3）建立相应的机制

在施工过程中，应尽量改善劳动作业条件，建立健全岗位责任制，技术交底、隐蔽工程检查验收、工序交接检查等的规章制度，运用公平合理、按劳取酬的人力管理机制激励人的劳动热情。

（4）根据工程实际特点合理用人，严格执行持证上岗制度

结合工程具体特点，从确保工程质量的需要出发，从人的技术水平、人的生理缺陷、人的心理行为、人的错误行为等方面来控制人的合理使用。例如，对技术复杂、难度大、

精度高的工序或操作，应要求由技术熟练、经验丰富的施工人员来完成；而反应迟钝、应变能力较差的人，则不宜安排其操作快速、动作复杂的机械设备；对某些要求必须做到万无一失的工序或操作，则一定要分析人的心理行为，控制人的思想活动，稳定人的情绪；对于具有危险的现场作业，应控制人的错误行为。

此外，在建筑工程项目质量管理过程中对施工操作者的控制应严格执行持证上岗制度。无技术资格证书的人不允许进入施工现场从事施工活动；对不懂装懂、图省事、碰运气、有意违章的行为必须及时制止。

2. 劳动对象 / 材料

材料是指在建筑工程项目建设中所使用的原材料、成品、半成品、构配件等，是建筑工程施工的物质保证条件。

（1）材料质量控制规定

项目经理部应在质量计划确定的合格材料供应人名录中按计划招标采购原材料、成品、半成品和构配件；材料的搬运和储存应按搬运储存规定进行，并应建立台账；项目经理部应对材料、半成品和构配件进行标识；未经检验的已经检验为不合格的材料、半成品和构配件等，不得投入使用；对发包人提供的材料、半成品、构配件等，必须按规定进行检验和验收；监理工程师应对承包人自行采购的材料进行验证。

（2）材料的质量控制方法

材料质量是形成建筑工程项目实体质量的基础，如果使用的材料不合格，工程的质量也一定不达标。加强材料的质量控制是保证和提高工程质量的重要保障，是控制工程质量影响因素的有效措施。材料的质量控制包括材料采购运输，材料检验，材料储存及使用等。

1）组织材料采购应根据工程特点、施工合同、材料的适用范围材料的性能要求和价格因素等进行综合考虑。材料采购应根据施工进度计划要求适当提前安排，施工承包企业应根据市场材料信息及材料样品对厂家进行实地考察，同时施工承包企业在进行材料采购时应特别注意将质量条款明确写入材料采购合同。

2）材料质量检验的目的是通过一系列的检测手段，将所取得的材料数据与材料质量标准进行对比，以便在事先判断材料质量的可靠性，再据此决定能否将其用于工程实体中。材料质量检验的内容包括以下几点。

①材料的质量标准。材料的质量标准是用于衡量材料质量的尺度，也是作为验收、检验材料质量的依据。不同材料都有自己的质量标准和检验方法。

②材料检验的项目。材料检验的项目分为：一般试验项目（通常进行的试验项目），如钢筋要进行拉伸试验、弯曲试验，混凝土要进行表观密度，坍落度、抗压强度试验；其他试验项目（根据需要进行的试验项目），如钢丝的冲击、硬度、焊接件（如焊缝金属、焊接接头等）的力学性能，混凝土的抗折强度、抗弯强度、抗冻、抗渗、干缩等试验。材料检验的具体项目是根据材料使用条件来决定，一般在标准中有明确规定。

③材料质量的取样方法。材料质量检验的取样必须具有代表性，即所采取样品的质量

应能代表该批材料的质量。因此，材料取样必须严格按规范规定的部位、数量和操作要求进行。

④材料质量的试验方法。材料质量检查方法分为书面检查、外观检查、理化检查、无损检查等。

⑤材料质量的检验程度。根据材料信息和保证资料的具体情况，质量检验程度分为免检、抽检、全检三种。

免检：对有足够质量保证的一般材料，以及实践证明质量长期稳定且质量保证、资料齐全的材料，可免去质量检验过程。

抽检：对材料的性能不清楚或对质量保证资料有怀疑，或对成批产品的构配件，均应按一定比例随机抽样进行检查。

全检：凡进口材料，设备和重要工程部位的材料以及贵重的材料应进行全面的检查。对材料质量控制的要求：所有材料、制品和构配件必须有出厂合格证和材质化验单；钢筋水泥等重要材料要进行复试；现场配置的材料必须进行试配试验。

3）合理安排材料的仓储保管与使用保管，在材料检验合格后和使用前，必须做好仓储保管和使用保管，以免因材料变质或误用严重影响工程质量或造成质量事故。例如，因保管不当造成水泥受潮、钢筋锈蚀；使用不当造成不同直径钢筋混用等。

因此，做好材料保管和使用管理应从以下两个方面进行：施工承包企业应合理调度，做到现场材料不大量积压；应切实做好材料使用管理工作，做到不同规格品种材料分类堆放，实行挂牌标志。必要时应设专人监督检查，以避免材料混用或把不合格材料用于建筑工程项目实体中。

3. 劳动手段／机械设备

机械设备包括施工机械设备和生产工艺设备。

（1）机械设备质量控制规定

应按设备进场计划进行施工设备的准备；现场的施工机械应满足施工需要；应对机械设备操作人员的资格进行确认，无证或资格不符合者，严禁上岗。

（2）施工机械设备的质量控制

施工机械设备是实现施工机械化的重要物质基础，是现代化施工中必不可少的设备，对建筑工程项目的质量、进度和投资均有直接影响。机械设备质量控制的根本目标就是实现设备类型、性能参数、使用效果与现场条件、施工工艺、组织管理等因素相匹配，并始终使机械保持良好的使用状态。因此，施工机械设备的选用必须结合施工现场条件，施工方法工艺、施工组织和管理等各种因素综合考虑。

施工机械设备的质量控制包括以下几点。

1）施工机械设备的选型。施工机械设备型号的选择应本着因地制宜，因工程制宜、满足需要的原则，既考虑到施工的适用性、技术的先进性、操作的方便性、使用的安全性，又要考虑到保证施工质量的可靠性和经济性。例如，应根据土的种类及挖土机的适用范围选择挖土机。

2）施工机械设备的主要机械性能参数是选择机械设备的基本依据。在施工机械选择时，应根据性能参数结合工程项目的特点、施工条件和已确定的型号具体进行。例如，起重机械的选择，其性能参数（如起重量起重高度和起重半径等）必须满足工程的要求，才能保证施工的正常进行。

3）施工机械设备的使用操作要求。合理使用机械设备，正确操作是确保工程质量的重要环节。在使用机械设备时应贯彻"三定"和"五好"原则，即"定机、定人、定岗位责任"和"完成任务好、技术状况好、使用好、保养好、安全好"。

（3）生产机械设备的质量控制

生产机械设备的质量控制主要控制设备的检查验收。设备的安装质量和设备的试车运转等。其具体工作包括：按设计选择设备；设备进厂后，应按设备名称、型号、规格、数量和清单对照，逐一检查验收；设备安装应符合技术要求和质量标准；设备的试车运转能正常投入使用等。因此，对于生产机械设备的检查主要包括以下几个方面。

1）对整体装运的新购机械设备应进行运输质量及供货情况的检查。例如：对有包装的设备应检查包装是否受损；对无包装的设备，应进行外观的检查及附件、备品的清点；对进口设备，必须进行开箱全面检查，若发现问题应详细记录或照相，并及时处理。

2）对解体装运的自组装设备，在对总部件及随机附件、备品进行外观检查后，应尽快进行现场组装、检测试验。

3）在工地交货的生产机械设备，一般都由设备厂家在工地进行组装、调试和生产性试验，自检合格后才提请订货单位复检，待复检合格后，才能签署验收证明。

4）对调拨旧设备的测试验收，应基本达到完好设备的标准。

5）对于永久性和长期性的设备改造项目，应按原批准方案的性能要求，经一定的生产实践考验，并经鉴定合格后才予验收。

6）对于自制设备，在经过六个月生产考验后，按试验大纲的性能指标测试验收，决不允许擅自降低标准。

4.劳动方法／施工方法

广义的施工方法控制是指对施工承包企业为完成项目施工过程而采取的施工方案、施工工艺、施工组织设计、施工技术措施、质量检测手段和施工程序安排等所进行的控制。狭义的施工方法控制是指对施工方案的控制。施工方案的正确与否直接影响建筑工程项目的质量、进度和投资。因此，施工方案的选择必须结合工程实际，从技术、组织、经济、管理等方面出发，做到能解决工程难题，技术可行，经济合理，加快进度，降低成本，提高工程质量。它具体包括确定施工起点流向、确定施工程序、确定施工顺序、确定施工工艺和施工环境等。

5.施工环境

影响施工质量的环境因素较多，主要有以下几点。

（1）自然环境，包括气温、雨、雪、雷、电、风等。

（2）工程技术环境，包括工程地质、水文、地形、地震、地下水位、地面水等。

（3）工程管理环境，包括质量保证体系和质量管理工作制度等。

（4）劳动作业环境，包括劳动组合、作业场所、作业面等，以及前道工序为后道工序提供的操作环境。

（5）经济环境，包括地质资源条件、交通运输条件、供水供电条件等。

环境因素对施工质量的影响有复杂、多变的特点，具体问题必须具体分析。如气象条件变化无穷，温度、湿度、酷暑、严寒等都直接影响工程质量；又如前一道工序是后一道工序的环境，前一分项工程、分部工程就是后一分项工程、分部工程的环境。因此，对工程施工环境应结合工程特点和具体条件严加控制。尤其是施工现场，应建立文明施工和文明生产的环境，保持材料堆放整齐、道路畅通、工作环境清洁、施工顺序井井有条，为确保质量、安全创造一个良好的施工环境。

四、施工过程的作业质量控制

建筑工程项目是由一系列相互关联、相互制约的作业过程（工序）构成，控制建筑工程项目施工过程的质量，除施工准备阶段、竣工阶段的质量控制外，重点是必须控制全部的作业过程，即各道工序的施工质量。

1. 施工准备阶段的质量控制

施工准备阶段的质量控制是指在正式施工前进行的质量控制活动，其重点是在做好施工准备工作的同时，应做好施工质量预控和对策方案。施工质量预控是指在施工阶段，预先分析施工中可能发生的质量问题和隐患及其产生的原因，采取相应的对策措施进行预先控制，以防止在施工中发生质量问题，这一阶段的控制措施包括以下几点。

（1）文件资料的质量控制

建筑工程项目所在地的自然条件和技术经济条件调查资料应保证客观、真实、详尽、周密，以保证能为施工质量控制提供可靠的依据；施工组织设计文件的质量控制，应要求提出的施工顺序、施工方法和技术措施等能保证质量，同时应进行技术经济分析，尽量做到技术可行、经济合理和质量符合要求；通过设计交底，图纸会审等环节，发现、纠正和减少设计差错，从施工图纸上消除质量隐患，保证工程质量。

（2）采购和分包的质量控制

材料设备采购的质量控制包括：严格按有关产品提供的程序要求操作；对供方人员资格、供方质量管理体系的要求；建立合格材料、成品和设备供应商的档案库，定期进行考核，从中选择质量、信誉最好的供应商；采购品必须具有厂家批号、出厂合格证和材质化验单，验收入库后还应根据规定进行抽样检验，对进口材料设备和重大工程、关键施工部位所用材料应全部进行检验。

应在资质合格的基础上择优选择分包商。分包商合同需从生产、技术、质量、安全、物质和文明施工等方面最大限度地对分包商提出要求，条款必须清楚、内容详尽。还应对分包队伍进行技术培训和质量教育，帮助分包商提高质量管理水平。从主观和客观两方面把分包商纳入总包的系统质量管理与质量控制体系中，接受总包的组织和协调。

（3）现场准备的质量控制

现场准备的质量控制包括：建立现场项目组织机构，集结施工队伍并进行入场教育；对现场控制网、水准点、标桩的测量；拟订有关试验、试制和技术进步的项目计划；制定施工现场管理制度等。

2. 施工过程的质量控制

建筑工程项目的施工过程是由若干道工序组成的，因此，施工过程的控制，就是施工工序的控制，其主要包括三个方面的内容：施工工序控制的要求、施工工序控制的程序和施工工序控制的检验。

（1）施工工序控制的要求

施工工序质量是施工质量的基础。施工工序质量也是施工顺利进行的关键。为满足对施工工序质量控制的要求，在施工工序管理方面应做到如下几点。

1）贯彻以预防为主的基本要求，设置施工工序质量检查点，对材料质量状况、工具设备状况、施工程序、关键操作、安全条件、新材料新工艺的应用、常见质量通病、操作者的行为等影响因素列为控制点作为重点检查项目进行预控。

2）落实施工工序操作质量巡查、抽查及重要部位跟踪检查等方法，及时掌握施工质量总体状况。

3）对施工工序产品、分项工程的检查应按标准要求进行目测、实测及抽样试验的程序，做好原始记录，经数据分析后，及时做出合格或不合格的判断。

4）对合格的施工工序产品应及时提交监理进行隐蔽工程验收。

5）完善管理过程的各项检查记录、检测资料及验收资料，作为建筑工程项目验收的依据，并为工程质量分析提供可追溯的依据。

（2）施工工序控制的程序

1）进行作业技术交底，包括作业技术要领、质量标准、施工依据、与前后工序的关系等。

2）检查施工工序，程序的合理性、科学性，防止工程流程错误，导致工序质量失控。检查内容包括：施工总体流程和具体施工作业的先后顺序，在正常的情况下，应坚持先准备后施工、先深后浅、先土建后安装、先验收后交工等施工工序。

3）检查施工工序的条件，即每道工序投入的材料，使用的工具和设备及操作工艺和环境条件是否符合施工组织设计的要求。

4）检查施工工序中人员操作程序，操作质量是否符合质量规程的要求。

5）检查施工工序中间产品的质量，即施工工序质量和分项工程质量。

6）对施工工序质量符合要求的中间产品（分项工程）及时进行工序验收或隐蔽工程

验收。

7）工序验收质量合格后方可进入下道工序施工。未经验收合格的工序，不得进入下道工序施工。

（3）施工工序质量控制点的设置

在施工过程中，为了对施工质量进行有效控制，需要找出对施工工序的关键或重要质量特性起支配作用的全部活动，对这些支配性要素，应重点控制。施工工序质量控制点就是根据支配性要素进行重点控制的要求，而选择的质量控制的重点部位、重点工序和重点因素。一般来说，质量控制点按不同的建筑工程项目类型和特点而不完全相同，基本原则是选择施工过程中的关键工序、隐蔽工程、薄弱环节，对后续工序有重大影响、施工条件困难、技术难度大等的环节。

（4）施工工序控制的检验

施工过程中对施工工序的质量控制效果如何，应在施工单位自检的基础上，在现场对施工工序质量进行检验，以判断工序活动的质量效果是否符合质量标准的要求。

1）抽样。对工序抽取规定数量的样品，或者确定规定数量符合的检测点。

2）实测。采用必要的检测设备和手段，对抽取的样品或确定的检测点进行检测，测定其质量性能指标或质量性能状况。

3）分析。对检验所得的数据，用统计方法进行分析、整理、发现其遵循的变化规律。

4）判断。根据对数据分析的结果，经与质量标准或规定对比，判断该施工工序的质量是否达到规定的质量标准要求。

5）处理。根据对抽样检测的结论，如果符合规定的质量标准要求，则可对该工序的质量予以确认，如果通过判断，发现该工序的质量不符合规定的质量标准要求，则应进一步分析产生偏差的原因，并采取相应的措施进行纠正。

3. 竣工验收阶段的质量控制

竣工验收阶段的质量控制包括最终质量检验和试验、技术资料的整理、施工质量缺陷的处理、工程竣工验收文件的编制和移交准备产品防护和撤场计划等。这个阶段主要的质量控制有以下要求。

（1）最终质量检验和试验

建筑工程项目最终检验和试验是指对单位工程质量进行的验证，是对建筑工程产品质量的最后把关，是全面考核产品质量是否满足质量控制计划预期要求的重要手段。最终检验和试验提供的结果是证明产品符合性的证据，如各种质量合格证书、材料试验检验单、隐蔽工程记录、施工记录和验收记录等。

（2）缺陷纠正与处理

施工阶段出现的所有质量缺陷，应及时纠正，并在纠正后要再次验证，以证明其纠正的有效性。其处理方案包括修补处理、返工处理、限制使用和不做处理等。

（3）资料移交

组织有关专业人员按合同要求，编制工程竣工文件，整理竣工资料及档案，并做好工程移交准备。

（4）产品防护

在最终检验和试验合格后，对产品采取防护措施，防止部件丢失和损坏。

（5）撤场计划

工程验收通过后，项目部应编制符合文明施工和环境保护要求的撤场计划。及时拆除运走多余物资，按照项目规划要求恢复或平整场地，做到符合质量要求的项目整体移交。

4. 施工成品保护

在施工阶段，由于工序和工程进度的不同，有些分项、分部工程可能已经完成，而其他工程尚在施工，或者有些部位已经完工，其他部位还在施工，因此这一阶段需特别重视对施工成品的质量保护问题。

（1）树立施工成品质量保护的观念

施工阶段的成品保护问题，应该看成施工质量控制的范围，因此需要全员树立施工成品的质量保护观念，尊重他人和自己的劳动成果，施工操作中珍惜已完成和部分完成的成品，把这种保护变成施工过程中的一种自觉行为。

（2）施工成品保护的措施

根据需要保护的施工成品的特点和要求，首先在施工顺序上给予充分合理的安排，按正确的施工流程组织施工，在此基础上，可采取以下保护措施。

1）防护。防护是指针对具体的施工成品，采取各种保护的措施，以防止成品可能发生的损伤和质量侵害。例如：对出入口的台阶可采取垫砖或方木搭设防护踏板以供临时通行；对于门口易碰的部位钉上防护条或者槽型盖铁保护等；用塑料布、纸等把铝合金门窗、暖气片、管道、电器开关、插座等设施包上，以防污染。

2）包裹。包裹是指对欲保护的施工成品采取临时外包装进行保护的办法。例如，对镶面的饰材可用立板包裹或保留好原包装；铝合金门窗采用塑料布包裹等。

3）覆盖。覆盖是指采用其他材料覆盖在需要保护的成品表面，起到防堵塞、防损伤的目的。例如，预制水磨石、大理石楼梯应用木板、加气板等覆盖，以防操作人员踩踏和物体磕碰；水泥地面、现浇水磨石地面，应铺干锯末保护；落水口、排水管应加以覆盖，以防堵塞；对其他一些需防晒、防冻、保温养护的成品也要加以覆盖，做好保护工作。

4）封闭。封闭是指对施工成品采取局部临时性隔离保护的办法。例如，房间水泥地面或木地板油漆完成后，应将该房间暂时封闭；屋面防水完成后，需封闭进入该屋面的楼梯口或出入口等。

第五节 建筑工程项目质量验收

一、施工过程质量验收

建筑工程项目质量验收是对已完工的工程实体的外观质量及内在质量按规定程序检查后，确认其是否符合设计及各项验收标准的要求，可交付使用的一个重要环节，正确地进行建筑工程项目质量的检查评定和验收，是保证工程质量的重要手段。

鉴于工程施工规模较大，专业分工较多。技术安全要求高等特点，国家相关行政管理部门对各类工程项目的质量验收标准制定了相应的规范，以保证工程验收的质量，工程验收应严格执行规范的要求和标准。

1. 施工质量验收的概念

建筑工程项目质量的评定验收，是对建筑工程项目整体而言的。建筑工程项目质量的等级，分为"合格"和"优良"，凡不合格的项目不予验收；凡验收通过的项目，必有等级的评定。因此，对建筑工程项目整体的质量验收，可称之为建筑工程项目质量的评定验收，或简称工程质量验收。

工程质量验收可分为过程验收和竣工验收两种。过程验收可分为两种类型：按项目阶段划分，如勘察设计质量验收、施工质量验收；按项目构成划分，如单位工程、分部工程、分项工程和检验批四种层次的验收。其中，检验批是指施工过程中条件相同并含有一定数量材料、构配件或安装项目的施工内容，由于其质量基本均匀一致，所以可作为检验的基础单位，并按批验收。

与检验批有关的另一个概念是主控项目和一般检验项目。其中，主控项目是指对检验批的基本质量起决定性作用的检验项目；一般项目检验是除主控项目以外的其他检验项目。

施工质量验收是指对已完工的工程实体的外观质量及内在质量按规定程序检查后。确认其是否符合设计及各项验收标准要求的质量控制过程，也是确认是否可交付使用的一个重要环节。正确地进行工程施工质量的检查评定和验收，是保证建筑工程项目质量的重要手段。

施工质量验收属于过程验收，其程序包括以下几点。

（1）施工过程中隐蔽工程在隐蔽前通知建设单位（或工程监理）进行验收，并形成验收文件。

（2）分部分项施工完成后应在施工单位自行验收合格后，通知建设单位（或工程监理）验收，重要的分部分项应请设计单位参加验收。

（3）单位工程完工后，施工单位应自行组织检查、评定，符合验收标准后，向建设单位提交验收申请。

（4）建设单位收到验收申请后，应组织施工、勘察、设计、监理单位等方面人员进行单位工程验收，明确验收结果，并形成验收报告。

（5）按国家现行管理制度，房屋建筑工程及市政基础设施工程验收合格后，还需在规定时间内，将验收文件报政府管理部门备案。

2. 施工过程质量验收的内容

施工过程的质量验收包括以下验收环节，通过验收后留下完整的质量验收记录和资料，为工程项目竣工质量验收提供依据。

（1）检验批质量验收

所谓检验批是指按同一的生产条件或按规定的方式汇总起来供检验用的，由一定数量样本组成的检验体、检验批可根据施工及质量控制和专业验收需要按楼层、施工段、变形缝等进行划分。检验批质量验收的一般规定如下。

1）检验批应由监理工程师（或建设单位项目技术负责人）组织施工，单位项目专业质量（技术）负责人等进行验收。

2）检验批合格质量应符合下列规定

①主控项目和一般项目的质量经抽样检验合格。主控项目是指对安全、卫生、环境保护和公众利益起决定性作用的检验项目。因此，主控项目的验收必须从严要求，不允许有不符合要求的检验结果，主控项目的检查具有否决权。除主控项目以外的检验项目称为一般项目。

②具有完整的施工操作依据、质量检查记录。

（2）分项工程质量验收

分项工程应按主要工种、材料，施工工艺，设备类别等进行划分。分项工程可由一个或若干检验批组成。

1）分项工程应由监理工程师（或建设单位项目技术负责人）组织施工单位项目专业质量（技术）负责人进行验收。

2）分项工程质量验收合格应符合下列规定：分项工程所含的检验批均应符合合格质量的规定；分项工程所含的检验批的质量验收记录应完整。

（3）分部工程质量验收

当分部工程较大或较复杂时，可按材料种类、施工特点、施工程序、专业系统及类别等分为若干子分部工程。

1）分部工程应由总监理工程师（或建设单位项目负责人）组织施工单位项目负责人和技术、质量负责人等进行验收；地基与基础、主体结构分部工程的勘察、设计单位工程项目负责人和施工单位技术、质量部门负责人也应参加相关分部工程验收。

2）分部（子分部）工程质量验收合格应符合下列规定：所含分项工程的质量均应验收合格；质量控制资料应完整；地基与基础、主体结构和设备安装等分部工程有关安全及功能的检验和抽样检测结果应符合有关规定；观感质量验收应符合要求。

二、工程项目竣工质量验收

1. 工程项目竣工质量验收的要求

单位工程是工程项目竣工质量验收的基本对象，也是工程项目投入使用前的最后一次验收，其重要性不言而喻。应按下列要求进行竣工质量验收。

（1）工程施工质量应符合各类工程质量统一验收标准和相关专业验收规范的规定。

（2）工程施工质量应符合工程勘察设计文件的要求。

（3）参加工程施工质量验收的各方人员应具备规定的资格。

（4）工程施工质量的验收均应在施工单位自行检查评定的基础上进行。

（5）隐蔽工程在隐蔽前应由施工单位通知有关单位进行验收，并应形成验收文件。

（6）涉及结构安全的试块、试件以及有关材料，应按规定进行见证取样检测。

（7）检验批的质量应按主控项目、一般项目验收。

（8）对涉及结构安全和功能的重要分部工程应进行抽样检测。

（9）承担见证取样检测及有关结构安全检测的单位应具有相应资质。

（10）工程的观感质量应由验收人员通过现场检查共同确认。

2. 工程项目竣工质量验收的程序

承发包人之间所进行的建筑工程项目竣工验收，通常分为验收准备、初步验收和正式验收三个环节进行。整个验收过程涉及建设单位、设计单位、监理单位及施工总分包各方的工作，必须按照建筑工程项目质量控制系统的职能分工，以监理工程师为核心进行竣工验收的组织协调。

（1）竣工验收准备

施工单位按照合同规定的施工范围和质量标准完成施工任务后，经质量自检并合格后，向现场监理机构（或建设单位）提交工程项目竣工申请报告，要求组织工程项目竣工验收。施工单位的竣工验收准备，包括工程实体的验收准备和相关工程档案资料的验收准备，使之达到竣工验收的要求，其中设备及管道安装工程等，应经过试压、试车和系统联动试运行，具备相应的检查记录。

（2）竣工预验收

监理机构收到施工单位的工程竣工申请报告后，应就验收的准备情况和验收条件进行检查。对工程实体质量及档案资料存在的缺陷，及时提出整改意见，并与施工单位协商整改清单，确定整改要求和完成时间。工程竣工验收应具备下列条件：完成工程设计和合同约定的各项内容；有完整的技术档案和施工管理资料；有工程使用的主要建筑材料、构配件和设备的进场试验报告；有工程勘察、设计、施工、工程监理等单位分别签署的质量合格文件；有施工单位签署的工程保修书。

（3）正式竣工验收

当竣工预验收检查结果符合竣工验收要求时，监理工程师应将施工单位的竣工申请报告报送建设单位。着手组织勘察、设计、施工、监理等单位和其他方面的专家组成竣工验收小组并制订验收方案。

建设单位应在工程竣工验收前7个工作日将验收时间、地点、验收组名单通知该工程的工程质量监督机构，建设单位组织竣工验收会议。正式竣工验收过程的主要工作如下。

1）建设、勘察、设计、施工。监理单位分别汇报工程合同履约情况及工程施工各环节是否满足设计要求、质量是否符合法律、法规和强制性标准。

2）检查审核设计、勘察、施工、监理单位的工程档案资料及质量验收资料。

3）实地检查工程外观质量，对工程的使用功能进行抽查。

4）对工程施工质量管理各环节工作、工程实体质量及质保资料进行全面评价，形成经验收组人员共同确认签署的工程竣工验收意见。

5）竣工验收合格，建设单位应及时提出工程竣工验收报告。验收报告还应附有工程施工许可证、设计文件审查意见、质量检测功能性试验资料、工程质量保修书等法规所规定的其他文件。

6）工程质量监督机构应对工程竣工验收工作进行监督。

三、工程竣工验收备案

我国实行工程竣工验收备案制度。新建、扩建和改建的各类房屋建筑工程和市政基础设施工程的竣工验收，均应按规定进行备案。

1.建设单位应当自工程竣工验收合格之日起15日内，将工程竣工验收报告和规划以及公安消防、环保等部门出具的认可文件或准许使用文件，报建设行政主管部门或者其他相关部门备案。

2.备案部门在收到备案文件资料后的15日内，对文件资料进行审查，符合要求的工程，在验收备案表上加盖"竣工验收备案专用章"，并将一份退回建设单位存档。如审查中发现建设单位在竣工验收过程中，有违反国家有关建设工程质量管理规定行为的，责令停止使用，重新组织、竣工验收。

3.建设单位有下列行为之一的责令改正，处以工程合同价款百分之二以上百分之四以下的罚款，造成损失的依法承担赔偿责任；未组织竣工验收，擅自交付使用的；验收不合格，擅自交付使用的；对不合格的建设工程按照合格工程验收的。

第六节 建筑工程项目质量的政府监督

一、建筑工程项目质量的政府监督的职能

各级政府质量监督机构对工程质量监督的依据是国家，地方和各专业建设管理部门颁发的法律、法规及各类规范和强制性标准，其监督的职能包括以下两大方面。

1. 监督工程建设的各方主体（包括建设单位、施工单位、材料设备供应单位、设计勘察单位和监理单位等）的质量行为是否符合国家法律法规及各项制度的规定，以及查处违法违规行为和质量事故。

2. 监督检查工程实体的施工质量，尤其是地基基础、主体结构、专业设备安装等涉及结构安全和使用功能的施工质量。

二、建筑工程项目质量的政府监督的内容

政府对建筑工程质量的监督管理以施工许可制度和竣工验收备案制度为主要手段。

1. 受理质量监督申报

在建筑工程项目开工前，政府质量监督机构在受理工程质量监督的申报手续时，对建设单位提供的文件资料进行审查，审查合格签发有关质量监督文件。

2. 开工前的质量监督

开工前，召开项目参与各方参加首次的监督会议，公布监督方案，提出监督要求，并进行第一次监督检查。监督检查的主要内容为建筑工程项目质量控制系统及各施工方的质量保证体系是否已经建立，以及完善的程度。具体内容如下。

（1）检查项目各施工方的质保体系，包括组织机构、质量控制方案及质量责任制等制度。

（2）审查施工组织设计、监理规划等文件及审批手续。

（3）检查项目各参与方的营业执照、资质证书及有关人员的资格证书。

（4）检查的结果记录保存。

3. 施工期间的质量监督

（1）在建筑工程项目施工期间，质量监督机构按照监督方案对建筑工程项目施工情况进行不定期的检查。其中，在基础和结构阶段每月安排监督检查，具体检查内容为：工程参与各方的质量行为及质量责任制的履行情况、工程实体质量、质保资料的状况等。

（2）对建筑工程项目结构主要部位（如桩基、基础、主体结构等）除了常规检查外，还应在分部工程验收时，要求建设单位将施工、设计、监理分别签字验收，并将质量验收

证明在验收后 3 天内报监督机构备案。

（3）对施工过程中发生的质量问题、质量事故进行查处。根据质量检查状况，对查实的问题签发"质量问题整改通知单"或"局部暂停施工指令单"，对问题严重的单位也可根据问题情况发出"临时收缴资质证书通知书"等处理意见。

4. 竣工阶段的质量监督

政府工程质量监督机构按规定对工程竣工验收备案工作实施监督。

（1）做好竣工验收前的质量复查

对质量监督检查中提出质量问题的整改情况进行复查，了解其整改情况。

（2）参与竣工验收会议

对竣工工程的质量验收程序、验收组织与方法、验收过程等进行监督。

（3）编制单位工程质量监督报告

工程质量监督报告作为竣工验收资料的组成部分提交竣工验收备案部门。

（4）建立工程质量监督档案

工程质量监督档案按单位工程建立，要求归档及时，资料记录等各类文件齐全，经监督机构负责人签字后归档，并按规定年限保存。

第七节　施工企业质量管理体系标准

一、质量管理体系八项原则

ISO9000 标准是国际标准化组织（ISO）制定的国际质量管理标准和指南，是迄今为止应用最广泛的 ISO 标准。在总结优秀质量管理实践经验的基础上，ISO 9000 标准提出了八项质量管理原则，明确了一个组织在实施质量管理中必须遵循的原则，这八项质量管理原则如下。

1. 以顾客为关注焦点

组织依存于顾客。因此，组织应当理解顾客当前和未来的需求，以满足顾客的要求并争取超越顾客的期望。组织在贯彻这一原则时应采取的措施包括：通过市场调查研究或访问顾客等方式，准确详细地了解顾客当前或未来的需要和期望，并将其作为设计开发和质量改进的依据；将顾客和其他利益相关方的需要和愿望按照规定的渠道和方法，在组织内部完整而准确地传递和沟通；组织在设计开发和生产经营过程中，按规定的方法测量顾客的满意程度，以便针对顾客的不满意因素采取相应的措施。

2. 领导作用

领导者确立组织统一的宗旨及方向。他们应当创造并保持使员工能充分参与实现组织目标的内部环境。领导的作用是指最高管理者具有决策和领导一个组织的作用，为全体员工实现组织的目标创造良好的工作环境，最高管理者应建立质量方针和质量目标，以体现组织总的质量宗旨和方向，以及在质量方面所追求的目的。领导者应时刻关注组织经营的国内外环境，制订组织的发展战略，规划组织的蓝图。质量方针应随着环境的变化而变化，并与组织的宗旨相一致。最高管理者应将质量方针和目标传达落实到组织的各职能部门和相关层次，让全体员工理解和执行。

3. 全员参与

各级人员是组织之本，只有他们充分参与，才能使他们的才干为组织带来收益。全体员工是每个组织的基础，人是生产力中最活跃的因素。组织的成功不仅取决于正确的领导，还有赖于全体人员的积极参与，所以应赋予各部门、各岗位人员应有的职责和权限，为全体员工制造一个良好的工作环境，激励他们的积极性和创造性。通过教育和培训增长他们的才干和能力，发挥员工的革新和创新精神，共享知识和经验，积极寻求增长知识和经验的机遇，为员工的成长和发展创造良好的条件，这样才能给组织带来最大的收益。

4. 过程方法

将活动和相关的资源作为过程进行管理，可以更高效地得到期望的结果。建筑工程项目的实施可以作为一个过程来实施管理，过程是指将输入转化为输出所使用的各项活动的系统。过程的目的是提高价值，因此在开展质量管理各项活动中应采用过程的方法实施控制，确保每个过程的质量，并按确定的工作步骤和活动顺序建立工作流程、人员培训、所需的设备、材料、测量和控制实施过程的方法，以及所需的信息和其他资源等。

5. 管理的系统方法

将相互关联的过程作为系统加以识别、理解和管理，有助于组织提高实现目标的有效性和效率。管理的系统方法包括确定顾客的需求和期望，建立组织的质量方针和目标，确定过程及过程的相互关系和作用，明确职责和资源需求，建立过程有效性的测量方法并用以测量现行过程的有效性，防止不合格，寻找改进机会，确立改进方向、实施改进、监控改进效果，评价结果，评审改进措施和确定后续措施等。这种建立和实施质量管理体系的方法，既可建立新体系，也可用于改进现行的体系。这种方法不仅可提高过程能力及项目质量，还可为持续改进打好基础，最终使顾客满意和使组织获得成功。

6. 持续改进

持续改进整体业绩应当是组织的一个永恒目标。持续改进是一个组织积极寻找改进的机会，努力提高有效性和效率的重要手段，确保不断增强组织的竞争力，使顾客满意。

7. 基于事实的决策方法

有效决策是建立在数据和信息分析的基础上。决策是通过调查和分析，确定项目质量目标并提出实现目标的方案，对可供选择的若干方案进行优选后做出抉择的过程，项目组织在工程实施的各项管理活动过程中都需要做出决策。能否对各个过程做出正确的决策，将会影响到组织的有效性和效率，甚至关系到项目的成败。所以，有效的决策必须以充分的数据和真实的信息为基础。

8. 与供方互利的关系

组织与供方是相互依存的, 互利的关系可增强双方创造价值的能力。供方提供的材料, 设备和半成品等对于项目组织能否向顾客提供满意的最终产品, 可以产生重要的影响。因此, 把供方、协作方和合作方等都看成项目组织同盟中的利益相关者, 并使之形成共同的竞争优势, 可以优化成本和资源, 使项目主体和供方实现双赢的目标。

二、企业质量管理体系文件的构成

1. 企业质量管理体系文件的构成包括：质量方针和质量目标, 质量手册, 各种生产、工作和管理的程序性文件以及质量记录。

2. 质量手册的内容一般包括：企业的质量方针、质量目标；组织机构及质量职责；体系要素或基本控制程序；质量手册的评审、修改和控制的管理办法。质量手册作为企业质量管理系统的纲领性文件应具备指令性、系统性、协调性、先进性、可行性和可检查性。

3. 企业质量管理体系程序文件是质量手册的支持性文件, 它包括六个方面的通用程序：文件控制程序、质量记录管理程序、内部审核程序、不合格品控制程序、纠正措施控制程序、预防措施控制程序等。

4. 质量记录是产品质量水平和质量体系中各项质量活动进行及结果的客观反映。质量记录应具有可追溯性。

三、企业质量管理体系的建立和运行

1. 企业质量管理体系的建立

（1）企业质量管理体系的建立, 是在确定市场及顾客需求的前提下, 按照八项质量管理原则制定企业的质量方针、质量目标、质量手册、程序文件及质量记录等体系文件, 并将质量目标分解落实到相关层次、相关岗位的职能和职责中, 形成企业质量管理体系的执行系统。

（2）企业质量管理体系的建立还包含组织企业不同层次的员工进行培训, 使体系的工作内容和执行要求被员工所了解, 为形成全员参与的企业质量管理体系的运行创造条件。

（3）企业质量管理体系的建立需识别并提供实现质量目标和持续改进所需的资源, 包括人员、基础设施、环境信息等。

2. 企业质量管理体系的运行

（1）按企业质量管理体系文件所制定的程序、标准、工作要求及目标分解的岗位职责进行运作。

（2）按各类体系文件的要求, 监视、测量和分析过程的有效性和效率, 做好文件规定的质量记录。

（3）按文件规定的办法进行质量管理评审和考核。

（4）落实企业质量管理体系的内部审核程序，有组织、有计划地开展内部质量审核活动，其主要目的是：评价质量管理程序的执行情况及适用性；揭露过程中存在的问题，为质量改进提供依据；检查企业质量管理体系运行的信息；向外部审核单位提供体系有效的证据。

四、企业质量管理体系的认证与监督

1. 企业质量管理体系认证的意义

质量认证制度是由公正的第三方认证机构对企业的产品及质量体系做出正确可靠的评价，其意义如下。

（1）提高供方企业的质量信誉

获得质量管理体系认证通过的企业，证明建立了有效的质量保障机制，因此可以获得市场的广泛认可，即可以提升企业组织的质量信誉。实际上，质量管理体系对企业的信誉和产品的质量水平都起着重要的保障作用。

（2）促进企业完善质量管理体系

企业质量管理体系实行认证制度，既能帮助企业建立有效、适用的质量管理体系，又能促使企业不断改进、完善自己的质量管理制度，以获得认证的通过。

（3）增强国际市场竞争能力

企业质量管理体系认证属于国际质量认证的统一标准，在经济全球化的今天，我国企业要参与国际竞争，就应采取国际标准规范自己，与国际惯例接轨。只有这样，才能增强自身的国际市场竞争力。

（4）减少社会重复检验和检查费用

从政府角度，引导组织加强内部质量管理，通过质量管理体系认证，可以避免因重复检查与评定而给社会造成的浪费。

（5）有利于保护消费者的利益

企业质量管理体系认证能帮助用户和消费者鉴别组织的质量保证能力，确保消费者买到优质、满意的产品，达到保护消费者利益的目的。

2. 企业质量管理体系认证的程序

（1）申请和受理

具有法人资格，申请单位须按要求填写申请书，接受或不接受均发出书面通知书。

（2）审核

审核包括文件审查、现场审核，并提出审核报告。

（3）审批与注册发证

符合标准者批准并予以注册，发放认证证书。

3. 获准认证后的维持与监督管理

企业质量管理体系获准认证的有效期为 3 年。获准认证后的质量管理体系的维持与监督管理内容如下。

（1）企业通报：认证合格的企业质量管理体系在运行中出现较大变化时，需向认证机构通报。

（2）监督检查：包括定期和不定期的监督检查。

（3）认证注销：注销是企业的自愿行为。

（4）认证暂停：认证暂停期间，企业不得用质量管理体系认证证书做宣传。

（5）认证撤销：撤销认证的企业一年后可重新提出认证申请。

（6）复评：认证合格有效期满前，如企业愿继续延长，可向认证机构提出复评申请。

（7）重新换证：在认证证书有效期内出现体系认证标准变更、体系认证范围变更、体系认证证书持有者变更，可按规定重新换证。

第八节　工程质量统计方法

在进行质量控制时，坚持一切以数据说话。数据是进行质量管理的基础，通过梳理统计的方法收集、整理质量数据，可以帮助我们分析、发现质量问题，以便及时采取措施进行处理。数理统计方法有分层法、因果分析图法、排列图法、直方图法、控制图法、相关图法、调查分析表法等。下面简单介绍工程施工中常用的几种方法。

一、分层法

1. 分层法也称为分类法或分组法，是把收集到的数据按统计分析的目的和要求进行分类，通过对数据的整理把质量问题系统化、条理化，以便从中找出规律，发现影响质量因素的一种方法。由于工程质量形成的影响因素多，因此，对工程质量状况的调查和质量问题的分析，必须分门别类地进行，以便准确有效地找出问题及其原因所在，这就是分层法的基本思想。

2. 分层法关键是调查分析的类别和层次划分，根据管理需要和统计目的，通常可按照以下分层方法取得原始数据。

按施工时间分，如月、日、上午、下午、白天、晚间、季节等；按地区部位分，如区域、城市、乡村、楼层、外墙、内墙等；按产品材料分，如产地、厂商、规格、品种等；按检测方法分，如方法、仪器、测定人、取样方式等；按作业组织分，如班组、工长、工人、分包商等；按工程类型分，如住宅、办公楼、道路、桥梁、隧道等；按合同结构分，如总承包、专业分包、劳务分包等。

经过第一次分层调查和分析，找出主要问题后，还可以针对这些主要问题再次分层进行调查分析，一直到分析结果满足管理需要为止。层次的类别划分越明确、越细致，就越能够准确有效地找出问题及其原因所在。

二、因果分析图法

因果分析图又称为特性要因图、鱼刺图、树枝图，是一种逐步深入研究和讨论影响质量问题原因的图示方法。在工程实践中，质量问题的产生是多种原因造成的，这些原因有大有小，有主有次。通过因果分析图，从影响产品质量的主要因素出发，分析原因，逐步深入，直到找出具体根源。因果分析图法最终的目的是查出并确定影响产品质量的主要原因，以便制订对策，解决工程质量问题，从而达到控制质量的目的。

下面以对混凝土质量不合格的主要影响因素"强度不够，蜂窝麻面"的分析为例，介绍因果分析图法的作图步骤和方法。

（1）明确要分析的对象，即将要解决的质量特征"混凝土强度不够，蜂窝麻面"，放在主干箭头的前面。

（2）对原因进行分类，确定影响质量的大原因。影响建筑工程质量的主要因素有人员、材料、机械、施工方法、施工环境等五个大的方面。

（3）确定产生质量问题的大原因背后的中原因、中原因背后的小原因、小原因背后的更小原因。

（4）发扬技术民主、反复讨论、补充遗漏的精神。

（5）找出主要原因，做显著记号。

（6）针对主要原因，制订相应对策，并落实到位，最后做出对策计划表。

三、排列图法

排列图法是把影响产品质量的因素由大到小地用矩形表示出来。排列图法又称帕累托图法或帕氏图法，也称主次因素分析法。

1. 排列图的组成

（1）两个纵坐标：左纵坐标表示产品频数（不合格的产品件数或造成的金额损失数）；右纵坐标表示频率（不合格品的件数或损失金额的累计百分率）。

（2）横坐标：影响产品质量的各因素或项目。按影响产品质量程度的大小，由大到小从左到右排列，底宽相同。每个长方形的高度表示该因素的影响大小。

（3）帕累托曲线：表示各影响因素的累计百分数。根据帕累托曲线将影响因素分为以下三个等级。

累计频率 0~80%，是影响产品质量的主要因素；累计频率 80%~90%，是影响产品质量的次要因素；累计频率 90%~100%，是影响产品质量的一般因素。

2.作图步骤

（1）收集数据。

（2）整理数据，混凝土质量损失分层。

（3）画坐标图和帕累托曲线。

（4）图形分析。

主要因素 A：混凝土强度不够，蜂窝麻面 0~80%。

次要因素 B：露筋、保护层厚度不够 80%~90%。

一般因素 C：预埋件偏移 90%~100%。

四、直方图法

直方图的分布形状及分布区间宽窄是由质量特性统计数据的平均值和标准偏差所决定的。

1.直方图法的主要用途

（1）整理统计数据，了解统计数据的分布特征，即数据分布的集中或离散状况，从中掌握质量能力状态。

（2）观察、分析生产过程中质量是否处于正常。稳定和受控状态以及质量水平是否保持在公差允许的范围内。

2.直方图的观察与分析

正常直方图星呈态分布，其形状特征是中间高、两边低、对称。正常直方图反映生产过程中质量处于正常、稳定的状态。数理统计研究证明，当随机抽样方案合理且样本数量足够大时，在生产能力处于正常。稳定状态时，质量特性检测数据趋于正态分布。

可以通过以下几点对分布位置进行观察分析。

（1）所谓位置观察分析是指将直方图的分布位置与质量控制标准的上、下界限范围进行比较分析。

（2）生产过程的质量正常稳定和受控，还必须在公差标准上、下界限范围内达到质量合格的要求。只有这样的正常、稳定和受控才是经济合理的受控状态。

（3）质量特性数据分布偏下限，易出现不合格，必须在管理上提高总体能力。

（4）质量特性数据的分布宽度边界达到质量标准的上、下界限，其质量控制能力处于临界状态，易出现不合格，必须分析原因，采取措施。

（5）质量特性数据的分布居中且边界与质量标准的上、下界限有较大的距离，说明其质量控制能力偏大，不经济。

（6）数据分布均已出现超出质量标准的上、下界限，这些数据说明生产过程中存在质量不合格，需要分析原因，采取措施进行纠偏。

第九节　建筑工程项目总体规划和设计质量控制

一、建筑工程项目总体规划的编制

1. 建筑工程项目总体规划的过程

从广义上来说建筑工程项目总体规划的过程包括建设方案的策划、决策过程和总体规划的制订过程。建筑工程项目的策划与决策过程主要包括建设方案策划、项目可行性研究论证和工程项目决策等。建筑工程项目总体规划的制订，是要编制具体的工程项目规划设计文件，并对工程项目的决策意图进行直观的描述。

2. 建筑工程项目总体规划的内容

建筑工程项目总体规划的主要内容是解决平面空间布局、道路交通组织、场地竖向设计、总体配套方案、总体规划指标等问题。

二、建筑工程项目设计质量控制的方法

1. 建筑工程项目设计质量控制的内容

建筑工程项目质量控制的内容主要是从满足建设需求入手，包括法律法规、强制性标准和合同规定的明确需要以及潜在需要，并以使用功能和安全可靠性为核心，做好功能性、可靠性、观感性和经济性质量的综合控制。

2. 建筑工程项目设计质量控制的方法

建筑工程项目设计质量的控制方法主要是通过设计任务的组织、设计过程的控制和设计项目的管理来实现的。

三、案例

案例 1：

1. 背景

某工业厂房工程采用地梁基础施工，按照已审批的施工方案组织实施。在第一区域的施工过程中，材料已送检。为了在停电（季度）检查保养系统电路之前完成第一区域基础的施工，施工单位负责人未经监理工程师许可，在材料送检还没有得到检验结果时，擅自决定进行混凝土施工。待地梁混凝土浇筑完毕后，发现水泥试验报告中某些检验项目质量不合格。造成该分部工程返工拆除重做，工期延误 16 天，经济损失达 200 000 元，并造成一定的信誉影响。

2.问题

（1）施工单位未经监理工程师许可即进行混凝土浇筑施工，该做法是否正确？如果不正确，正确做法是什么？

（2）为了保证该工业厂房工程质量达到设计和规范的要求，施工单位应该对进场原材料如何进行质量控制？

（3）材料质量控制的要点是什么？

（4）材料质量控制的主要内容有哪些？

（5）如何处理该质量不合格项？

3.分析

（1）施工单位未经监理工程师许可即进行梁基础的混凝土浇筑的做法是完全错误的。

正确的做法应该是：施工单位在水泥运进场之前，应向监理单位提交"工程材料报审表"，并附上该水泥的出厂合格证及相关的技术说明书，同时按规定将此批号的水泥检验报告附上，经监理工程师审查并确定其质量合格后，方可进入现场。

（2）材料质量控制的主要方法有：严格检查验收，建立管理台账，进行收、发、储、运等环节的技术管理；正确合理地使用，避免混料和将不合格的材料使用到工程上去，应使其形成闭环管理，并具有可追溯性。

（3）材料质量控制的要点有：掌握材料信息，优选供货厂家。与信誉好、质量稳定、服务周到的供货商建立长期的合作。合理组织材料供应。从经过专家评审通过的合格材料供应商中购货，按计划确保施工正常进行；科学合理地使用材料，减少材料的浪费和损失；应注重材料的使用认证及辨识，以防止错用或使用不合格的材料；加强材料的检查验收，严把材料入场的质量关；加强现场材料的使用管理。

（4）材料质量控制的主要内容有材料的质量标准、材料的取样、材料的性能、试验方法、材料的使用范围和施工要求等。

（5）如果是重要的检验项目不合格，会影响到工程的结构安全，则应推倒重来、拆除重做。即使经济上受到一些损失，但工程不会再出现问题。并且这种对工程认真负责的态度也会得到业主的肯定，在质量问题上会更信任施工方。

如果不是重要的检验项目质量不合格，且不会影响到工程的结构安全，可进行必要的工程修复以达到合格，满足使用要求。

案例2：

1.背景

某钢铁公司新上一个焦化工程项目，施工企业根据业主的要求编制了施工进度计划。在三个风机设备的基础施工阶段，材料已送检。为了确保施工进度计划，按节点完成，施工单位负责人未经监理许可，在材料试验报告未返回前擅自施工，将设备基础浇筑完毕后，发现混凝土试验报告中某些检验项目的质量不合格。如果返工重新施工，工期将拖延20天，经济损失达 2.6 万元。

2. 问题

（1）施工单位未经监理许可即进行混凝土浇筑，这样做对不对，如果不对，应如何做？

（2）为了确保该项目设备基础的工程质量达到设计和规范要求，施工单位如何对进场材料进行质量控制？

（3）施工单位在材料质量控制方面应掌握哪些要点？

（4）材料质量控制的内容有哪些？

3. 分析

（1）施工单位未经监理许可即进行三个风机设备的基础混凝土浇筑的做法是不对的，施工单位不应该在材料送检报告未出来之前进行混凝土浇筑，应该合理调整施工进度计划，先组织已具备条件的工序部位作业，待送检报告出来后，经检验确认其质量合格后，才允许材料进场组织施工。为保证三个风机基础施工进度计划的按期完成，可组织职工三班连续作业施工，确保节点按期完成。

（2）施工单位对材料质量控制可采用严格检查验收、正确合理使用的方法。建立健全材料管理台账，进行收支储运等环节的技术管理；材料在储备过程中要分类堆放，并要做好材料标识工作，避免混料和不合格的原材料使用到工程中。

（3）施工单位在材料质量控制方向应掌握以下要点：及时掌握材料信息，选择好的材料厂家供货；按材料计划、及时组织材料供应以确保工程顺利施工；强化材料管理，严格检查验收，把好材料质量关，坚决杜绝未经检验就收货的现象；合理组织材料使用，尽量减少材料消耗；加强现场材料管理，重视材料的使用认证，以防错用或使用不合格材料。

（4）严格控制工程所用的材料质量，其内容有材料的质量标准、材料的性能、材料取样、试验方法等。

案例 3：

1. 背景

某冶建单位承接了某钢厂办公大楼的工程项目。该工程项目紧邻主干道，施工场地比较狭窄。主体地上 18 层，地下 2 层，建筑面积 32 100 m²，基础开挖深度 7.5m，低于地下水位，为了确保整个工程项目的施工质量，按照"预防为主"的原则，施工单位应加强每道施工工序的质量控制，使工程项目最终取得较好的质量效果。

2. 问题

（1）该工程项目工序质量控制的内容有哪些？

（2）针对该工程项目的工序质量检验包括哪些内容？

（3）如何确定该工程项目的质量控制点？

（4）简述施工质量控制的步骤。

3. 分析

（1）工序质量控制的内容主要有：严格按照工艺规程进行施工；控制好工序施工条件的质量；及时检查工序施工效果的质量；制订工序质量的控制点等。

（2）工序质量检验内容为：标准具体化、实测实量、比较、判定、处理、记录等。

（3）工程项目质量控制点的确定原则，是根据工程项目的重要程度来确定的。首先应对施工的工程对象进行全面的分析、比较来明确控制点；其次应进一步分析质量控制点在施工过程中可能出现的质量问题或造成质量隐患的原因，针对这些原因，制订出相应的对策措施来预防。

（4）施工质量控制的步骤有实测、分析、判断等。

案例 4：

1. 背景

某公司承接了一项大型工业建设工程项目，该项目投资近 6 亿人民币。工程项目内容包括 PHC 桩、土建基础、混凝土结构，钢结构及相关的水电安装，是一个大型的综合性建筑群体工程，其中，主体结构为 2 个洁净室厂房，厂房面积近 20 万平方米，钢结构工程量 3 万多吨。由于行业特点，业主要求承包方必须在 6 个月内完成主要建筑物与构筑物的主体结构。

由于工期压力，项目部将主要精力放在进度安排上，工程发生了多起质量事故，有的违反管理程序，有的忽略质量要求，甚至有违反国家强制性标准的现象。为此，业主方连续召开了两次质量专题会，并将相关信息传递到公司总部。

2. 问题

（1）公司管理部门应如何对待上述事件？采取什么样的措施和行动？

（2）项目部在工程项目质量管理上应该注意哪些问题？

（3）工程项目的质量、工期的关系如何处理？

3. 分析

（1）公司管理部门应在第一时间对该项目的质量管理运行情况进行调查，分析产生问题的原因，做出判断，并提出改进措施，可能的原因有：工期紧张，项目部放松了对质量的管理要求（质量意识的问题）；质量管理体系不健全，缺少必要的监督控制人员（体系建设的问题）；现场作业班组不清楚管理程序和标准（质量培训和交底问题）。针对这些问题，管理部门应对上述问题给工程项目发出整改意见书，并将信息传递给业主相关方。为使各项措施能具体落实，管理部门可组织专项审核检查，促进项目部的质量管理工作。

（2）首先，项目部的质量管理体系是否真正建立，各项制度是否健全，和业主的沟通是否全面、业主的需求和规定是否了解；其次，工程项目的各种资源包括管理资源、劳动力资源的组织是否充分，并符合工程项目建设的要求，这是保证质量的最基本条件；再次，工程项目的进度安排及各类技术方案是否适应工程的需要，相对合理；最后，质量管理和工程实体的标准是否能真正传达到作业班组，参与的人员是否符合要求，必要时应组织相应的培训。

（3）就工程项目建设本身而言，合理工期是质量保证的一个非常重要的前提，如果完成工序的必要时间无法保证，那么保证工程质量是难以实现的。但就上述工程而言，业主投资的是一个对时间要求非常苛刻的项目，时间就意味着市场占有，作为承包商必须满足业主的这一要求，否则，工期的拖延就可能意味项目的失败。从某种程度上来说，有时工期和质量的矛盾是很突出的，但作为项目建造人员，应该处理好两者关系，可以通过充分的资源组织，相对合理的工期安排、严格的质量管理程序、明晰的质量要求来保证工程实体质量符合业主的要求和项目功能的要求。

案例5：

1. 背景

某工厂建设过程中采用现场预制构件，然后进行吊装。在对薄腹梁下弦钢绞线进行预应力加载中，出现端头混凝土局部压碎现象。施工方在没有通知监理方的情况下，自己采取加固措施对薄腹梁进行加固处理，并进行正常吊装，加固花费约5万元，加固后薄腹梁能够正常使用。

2. 问题

（1）施工方的做法是否正确，存在哪些问题？

（2）工程质量事故处理的一般程序有哪些？

（3）按工程质量事故的严重程度划分，上述事件属于哪一类事故？

（4）上述处理方法属于哪类工程质量事故处理方案？

3. 分析

（1）施工方法不正确。存在问题：事故发生时未立即停止有关部位的施工；不能独自进行处理；未立即报告监理工程师和质量管理部门。

（2）处理程序是：停止施工、报告监理工程师和质量管理部门，施工方接到监理或质量部门的"质量通知单"，对事故现场采取必要的防护措施；在监理工程师的组织和参与下，对质量事故进行调查，写出调查报告；在事故调查的基础上进行事故原因分析；在事故原因分析的基础上制订事故处理方案；施工方按监理批复的处理方案实施对质量缺陷的处理；质量缺陷处理后，监理工程师组织有关人员对处理的结果进行严格的检查。鉴定和验收，写出"质量事故处理报告"提交业主或建设单位，并报送有关主管部门。

（3）按工程质量事故的严重程度划分，其损失费为5万元，5 000元<50 000元<100 000元，属于一般事故。

（4）加固后的薄腹梁能够正常使用，属于修补处理。

案例 6：

1. 背景

某钢厂高炉焦矿槽振动筛安装结束投入生产一星期后，发现 4 台偏心振动轴接头处的螺栓断裂，造成驱动电机输出轴被打弯。经检查，所有接头连接螺栓均为 4.8 级普通螺栓，经业主分析后决定，电机修复由施工单位负责拆装，业主负责委托机械加工车间修复，所有连接螺栓更换为 8.8 级高强螺栓，由业主提供，施工单位更换。运行一周后，3 台振动筛再次出现同样故障，并且出现接头碎裂现象。业主研究后认为，原设计振动筛停机时采用电机反向制动，在高速运转时实现立即停机，造成瞬时扭矩过大，是出现故障的根本原因，决定改造电气控制方式，取消反向制动改为直流制动。所有拆装、更换以及电气控制改造均由业主提出方案，施工单位实施。该项目设备选型为设计院，设计审定为业主，设备为甲供应。

2. 问题

（1）施工单位是否应接受业主的决定负责修理改造的实施？

（2）判断该故障处理发生的费用应由设备制造厂家或设计院还是业主承担。

（3）施工单位因设备修复而发生的费用应列入施工费用还是设备修配费用？

3. 分析

（1）施工单位应当接受业主的决定负责修理改造。因为该设备的安装调试本来就是该施工单位完成，人员尚未退场，有资质、有能力、有条件也有责任协助业主妥善处理设备故障，以保证生产的正常进行。

（2）该故障处理发生的费用应由业主承担。因为该振动筛为定型产品，设计选型时配套电控设备应能满足产品正常运行的条件，因此不应由设备制造厂家负责；而设计方案已由业主逐项审定批准，因此也不应由设计院负责。

（3）施工单位因设备修复而发生的费用应另行列入设备修配费用。因为施工单位已经按照合同完成了设备安装，测试的全部内容，按程序移交业主使用，由于非施工质量原因而发生设备损坏的修复及相关费用不应列入合同施工费用，也不应列入保修内容，而应另行计入设备修配费用，再另行结算。

案例 7：

1. 背景

某公司总承包某热轧工程，工程总造价近 5.9 亿元，工期 24.5 个月。由于该工程建设的工艺十分复杂，其施工前准备阶段工作做得是否充分对以后工作是否顺利进行非常重要。并且准备工作中尤其要做好质量的控制，为施工中质量的保证打好基础。

2. 问题

（1）施工准备阶段质量控制管理体系准备包括哪些内容？

（2）施工准备阶段质量控制技术准备包括哪些内容？

（3）施工准备阶段质量控制物资设备准备包括哪些内容？

（4）施工准备阶段质量控制施工现场准备包括哪些内容？

3. 分析

（1）管理体系准备工作包括：施工企业确定项目目标，进行项目策划；成立项目经理部，建立项目部组织机构，配置管理人员，确定职能分工，岗位责任制；项目部编写施工组织设计和质量计划；建立项目部管理制度；项目部按施工企业质量管理体系文件的要求进行工作安排；按施工组织设计的质量计划配置所需资源。

（2）技术准备工作包括：业主向施工单位提供施工全套图纸和技术资料；项目部收到图纸和技术资料后，在文件控制清单上登记，妥善保管，并安排发放给有关人员；项目总工程师应组织专业工程师和其他有关人员进行施工图的学习和自审；做好审图记录；项目部派有关技术人员参加业主（监理工程师）主持的设计交底和图纸会审；通过交流，了解设计要求，纠正图纸差错；图纸会审纪要的文件地位和施工图相同，应严格控制；项目部应收集与本工程有关的国家标准。规范和其他技术标准，并列入文件控制清单；项目总工程师应组织编写施工组织设计、质量计划；项目部专业工程师应根据施工组织设计要求编制必要的施工方案、编制施工图预算等。

（3）物资设备准备工作包括：依据施工组织设计，进行施工机具、周转材料准备，按规定时间进场，并做好相应的保养和试运转工作；依据施工图纸和施工进度计划，组织工程设备和工程材料进场；对进场的工程设备、材料进行验证；确定物资运输方案，建立物资仓储设施；按规定方式，在规定地点储存、堆放工程所需物资等。

（4）施工现场准备包括：根据业主书面提供的坐标和高程，按照总平面图要求，进行施工现场控制网测量，并做好永久控制点的保护工作；对业主提供的书面坐标和高程及其控制实物，项目部应进行闭合验证，应妥善保管书面资料，做好控制点的保护工作，尽可能将业主提供的控制点转投到附近建筑物上；施工场地应按消防要求设置足够数量的消防设施；建造各项施工设施，为正式开工准备好用房用地；编制项目冬、雨期施工方案。做好季节性施工要用的物资、机具的准备等。

结　语

  当今时代背景下，我国的经济处于一个高速发展的阶段。基于此，中国经济的高速发展离不开社会各个行业领域的进步。建筑业作为我国的一大发展行业，该行业的发展在极大程度上对我国经济和社会发展带来了贡献，该行业意识到了自身的重大使命，在发展自身经济的同时不忘国家使命，进而最终获得了巨大的发展成就。这一过程，源于社会需求，而相应的建筑行业的兴起也对我国的基础设施和城市化建设的发展起到了极大的推动作用，且在这一具有历史性的城市化革新中建筑行业起着巨大的作用。伴随着建筑行业的兴起，存在于建筑企业经营管理过程中的一些问题层出不穷，这些问题在一定程度上制约着建筑企业的发展，是建筑企业在发展过程中所必须解决的难题。站在建筑经济的视角下，建筑企业首先要做的就是要从基础工作抓起，尽可能加强对企业从业者自身综合素养和职业道德水平的管理，提高管理者和员工的各方面素养，从本质上解决当前行业内存在的问题。让建筑企业内的每个成员能够具备基础的应变能力，在不断变化的社会经济环境下能够找准自身的发展方向，确认发展目标，进一步在诸多企业中脱颖而出，为国家建筑事业保驾护航，使得国家建筑业能够在国内市场和国际市场上均站稳脚跟。

参考文献

[1] 张洪忠.建筑工程经济项目化教材 [M].南京：东南大学出版社，2018.

[2] 高云.建筑工程项目招标与合同管理 [M].石家庄：河北科学技术出版社，2021.

[3] 潘智敏，曹雅娴，白香鸽.建筑工程设计与项目管理[M].长春:吉林科学技术出版社，2019.

[4] 叶征，王占锋.建筑工程经济 [M].北京：北京理工大学出版社，2018.

[5] 胡芳珍，马知瑶，黄瑞敏.建筑工程经济 [M].北京：科学技术文献出版社，2018.

[6] 顾荣华，张劲松.建筑工程经济 [M].北京：北京理工大学出版社，2017.

[7] 杨付莹.建筑经济 [M].北京：中国轻工业出版社，2015.

[8] 高琴，李茜.建筑工程经济 [M].重庆：重庆大学出版社，2016.

[9] 夏占国，吴才轩，李忻忻.建筑工程经济 [M].徐州：中国矿业大学出版社，2016.

[10] 张子学，朱再英.建筑工程经济 [M].武汉：华中科技大学出版社，2016.

[11] 王秀明，刘正昶，贾必洪.建筑企业经济责任审计指南 [M].北京：中国时代经济出版社，2018.

[12] 陈思杰，易书林.建筑施工技术与建筑设计研究 [M].青岛：中国海洋大学出版社，2020.

[13] 厉娥.建筑工程技术经济 [M].重庆：重庆大学出版社，2015.

[14] 何俊，马庆华，张志主编.建筑工程经济 [M].武汉：华中科技大学出版社，2015.

[15] 闫魁星，余勇，程玲.建筑工程经济 [M].上海：上海交通大学出版社，2015.

[16] 李志生.建筑技术经济学第 2 版 [M].成都：西南交通大学出版社，2016.

[17] 毛义华.建筑工程经济 [M].杭州：浙江大学出版社，2012.

[18] 韩文强.对话老建筑 [M].北京：机械工业出版社，2020.

[19] 王帅.BIM 技术与建筑应用 [M].天津：天津大学出版社，2020.

[20] 邓铁军.工程项目经济与管理 [M].长沙：湖南大学出版社，2015.

[21] 杨丽.建筑经济 [M].西安：西安交通大学出版社，2009.

[22] 于欣波，任丽英.建筑设计与改造 [M].北京：冶金工业出版社，2019.

[23] 李琳，郭红雨，刘士洋.建筑管理与造价审计 [M].长春：吉林科学技术出版社，2019.

[24] 刘先春.建筑工程项目管理 [M].合肥：中国科学技术大学出版社，2013.

[25] 李慧民 . 建筑工程经济与项目管理 [M]. 北京：冶金工业出版社，2002.

[26] 韩玉麒，高倩 . 建设项目组织与管理 [M]. 成都：西南交通大学出版社，2019.

[27] 刘健，唐春平 . 建筑工程项目管理 [M]. 武汉：武汉理工大学出版社，2011.

[28] 姜慧，陈晓红 . 建筑工程经济 [M]. 武汉：武汉理工大学出版社，2014.

[29] 张宜松 . 建筑工程经济与管理 [M]. 重庆：重庆大学出版社，2014.

[30] 嵇德兰 . 建筑施工组织与管理 [M]. 北京：北京理工大学出版社，2018.

[31] 王淑红 . 建筑施工组织与管理 [M]. 北京：北京理工大学出版社，2018.

[32](日）伊东丰雄 . 建筑、空间与流动性 [M]. 武汉：华中科技大学出版社，2018.

[33] 支文军，戴春 . 中国当代建筑大全 [M] 常文心，贺丽，张晨译 . 沈阳：辽宁科学技术出版社，2018.

[34] 杨丽 . 绿色建筑设计建筑节能 [M]. 上海：同济大学出版社，2016.

[35] 李长花，段宗志 . 建筑工程经济 [M]. 武汉：武汉大学出版社，2013.

[36] 安丽洁，吴渝玲，刘旭 . 建筑工程经济 [M]. 哈尔滨：哈尔滨工业大学出版社，2013.

[37] 何俊，张怡 . 建筑工程经济 [M]. 武汉：华中科技大学出版社，2013.

[38] 钱昆润，葛筠圃，张星 . 建筑经济与建筑技术经济 [M]. 南京：东南大学出版社，1993.

[39] 索玉萍，李扬，王鹏 . 建筑工程管理与造价审计 [M]. 长春：吉林科学技术出版社，2019.

[40] 温天锡 . 建筑工程设计优化的故事 [M]. 天津：天津人民出版社，2019.

[41] 赵秀云，裘建娜 . 建筑技术经济学 [M]. 北京：中国铁道出版社，2012.